나는 단호하게 살기로 했다

나는 단호하게 살기로 했다

일,
관계,
인생 앞에
당당해지는
심리 기술

엔스 바이드너 지음
장혜경 옮김

근면과 성실이라는 순진한 착각

곤란한 부탁을 어쩔 수 없이 승낙하고 뒤돌아 후회한 적이 있는가? 나쁜 사람으로 기억되지 않으려 애써 웃으며 착한 사람을 자처하지는 않았는가? 결론부터 말하자면 이런 우유부단한 태도는 당신을 병들게 할 뿐이다. 직장 사람들은 거절도 못하는 당신을 무능한 동료로 생각할 것이고, 가족이나 친구는 다루기 쉬운 편리한 사람이라고 판단할 것이다. 곤란한 부탁은 단호하게 거절할 줄 알아야 한다. 그래야 당신의 능력을 인정받고 의지를 관철할 수 있다.

당신 안에 숨어 있는 **긍정적인 공격성은 다른 사람의 마음을 움직일 수 있는 가장 강력한 도구**다. 사람들은 가정과 직장과 사회의 권력 구조를 파악하는 데 푹 빠져 있고, 전략적으로 활용할 수 있는 정보를 얻는 데 열을 올린다. 이때 중요한 태도가 바로 '**단호함**'이다. 자신의 감정을 똑똑하고 분명하게 전달하는 단호한 태도가 일을 보다 신중하게 처리하도록 도와준다.

안타깝게도 대부분의 사람은 목적을 쟁취하기 위해 수단과 방법을 가리지 않는 것을 두려워한다. 아니 비겁하다고 생각한다. 마음이 불편해지는 상황을 피하고 싶기 때문이다. 물론 어떻게든 권력을 얻겠다는 욕망은 올바른 삶의 자세가 아니다. 그러나 그 권력 구조를 파악하고 이에 대응하는 것은 현명한 삶의 자세라고 단언할 수 있다.

많은 직장인이 열심히 맡은 일만 잘하면 성공할 수 있다는 순진한 생각으로 살아간다. 하지만 이는 큰 착각이다. 먼 미래에 더 나은 세상이 오면 성실과 근면만으로 성공할 수 있을지도 모르겠지만, 우리가 사는 세상은 아직 그렇지 못하다. 오늘을 살아가는 우리는 오늘에 맞는 적절한 전략을 세워 최선의 결과를 만들어내야 한다. 그리고 이 책에서 다루게 될 단호한 태도는 살벌한 권력 게임 앞에서 한없이 순한 양이 되고 마는 당신을 보호해줄 것이다.

화내지 않아도 내 뜻대로

책에서 단호한 태도라고 일컬어지는 긍정적 공격성은 일종의 매운 고추와 같다. 적당히 들어가면 음식 맛을 살리고 입맛을 돋우는 매운 고추처럼 긍정적 공격성은 적당하게만 발휘되면 당신의 직장 생활에 활력을 더해줄 것이다. 아이디어를 강하게 밀어붙일 수 있는 용기와 실천력을 선물할 것이다.

인간관계도 마찬가지다. 단호한 태도로 불편한 부탁과 부당한 대우에 명확히 선을 그음으로써 당신은 다른 사람이 짜놓은 음모의 제물이 되지 않을 수 있다. 거절할 때 거절할 줄 알고 스스로 정한 목표를 향해 돌진하는 사람에게 존경과 에너지가 돌아오는 법이다.

한마디로 이 책은 당신의 타고난 공격성을 건설적인 방향으로 활용할 수 있게 도와준다. '단호한 태도'라는 무기를 갖춘 당신은 앞으로 어디서든 무시당하지 않을 것이고, 손해를 보지 않을 것이며, 아이디어를 끝까지 밀고 나가 프로젝트를 성공시킬 수 있을 것이다. 당신을 바라보는 주변 사람들의 존경 어린 눈빛과 승진은 덤이다.

이 책을 읽은 뒤 직장 동료가 "당신 요즘 들어 자신감이 넘쳐

보여요."라고 말한다면 당신은 내 말을 제대로 이해했다고 볼 수 있다. 하지만 절대 사생활에서는 이 책의 전략을 사용해서는 안 된다. 직장에서는 효과 만점인 전략도 사생활에서는 재앙이 될 수 있다. 사랑하는 사람들을 대할 때 필요한 것은 전략적 사고와 투자가 아니라 존중과 배려, 공감이라는 점을 기억하기 바란다. 개인적인 관계는 항상 솔직해야 하고 신뢰를 줄 수 있어야 한다. 잔머리를 굴려서 상대를 속이려 하면 안 된다. 다시 한 번 말한다. 이 책에 실린 전략은 직장 생활이나 일적인 관계를 맺는 사람들 사이에서만 활용해야 한다.

이제 당신은 직장에서 벌어지는 권력 게임을 예전보다 더 빨리 간파할 수 있게 되었다. 상대의 공격을 맞받아칠 것인지 아니면 슬쩍 고개 숙여 상대의 주먹이 허공을 가르게 할 것인지, 그건 당신이 선택할 일이다.

착해빠진 능력자들에게 힘과 투지를

이야기를 처음부터 다시 시작해야 할 것 같다. 나는 어떤 계기로 단호한 태도의 힘을 주목하게 되었을까?

나는 1980년대 중반에 미국에 공부하러 갔다가 새로운 청소년 범죄자 교화 방법을 접했다. 그 당시 미국에서는 효과가 매우 좋은 방법이었고, 또 폭력성 자체를 제거하자는 기본 사상도 무척 마음에 들었기 때문에 나는 그 방법을 독일 상황에 맞추어 살짝 변형하기로 했다. 그리고 마침 니더작센주(州) 사법부의 의뢰가 있어서 즉시 그 방법을 소년교도소의 수감자, 즉 청소년 난동꾼, 반체제주의자, 살인범들에게 적용했다. 결과는 놀라웠다. 교화는 성공적이었고 폭력적 행동도 많이 완화되었다. 교화 대상자의 3분의 2에게서 폭력성이 사라졌다. 전문잡지, 언론, 텔레비전도 이 방법에 관해 매우 긍정적으로 보도했다. 더 바랄 것이 없었다.

그런데 황당한 일이 일어났다. 1993년 스위스 어느 경제연구소의 소장님이 전화를 걸어와 **폭력성을 제거하는 것이 아니라 반대로 의도적으로 키우는 것이 가능한지** 물었다. 처음에는 질문의 뜻을 이해하지 못해서 그 사람이 농담을 했거나 이상한 사이비 종교 추종자라고 생각했다. 하지만 전화를 건 사람은 고트리프 두트바일러 경제사회연구소의 원장인 다비트 보스하르트 박사(취리히에서는 꽤 유명한 사람이다)였고, 그의 말은 진심이었다.

그의 요지는 이랬다. 주변을 살펴보면 뛰어난 자질을 갖추고

도 이 험한 세상을 어찌 사나 싶게 착해빠져서 팀원에게 쩔쩔
매는 상사가 한둘이 아니다. 그들에게 어떻게 조직을 이끌어
나갈 것인지 가르칠 필요가 있다. 무엇보다도 뜻한 바를 끝까
지 밀고 나갈 수 있는 투지와 힘을 심어줘야 한다.

이것이 새로운 형식의 경영세미나가 탄생한 배경이다. 그때
부터 나는 독일, 오스트리아, 스위스의 대기업과 중소기업 임
원들을 대상으로 잠재력을 일깨우는 훈련을 실시하고 있다.

그런데 얼마 전부터 세미나 참가자들이 집에 돌아간 뒤에도
여기에서 배운 내용을 기억할 수 있게 자료를 만들어주었으면
좋겠다는 요청을 했다. 한 독일 식품 기업 회장님의 말을 그대
로 옮기면 "짬짬이 투지를 깨우고, 혹시 마음이 약해질지도 모
르니까 예방 차원에서" 자료가 필요하다고 했다. 그런 격려 덕
분에 이 책이 탄생했다.

당신도 이 책에 소개한 '단호한 태도의 힘'을 깨닫고 의욕을
불태웠으면 좋겠다. 당신을 무시하는 사람들이 번쩍 정신을
차릴 수 있도록 달라진 모습을 보여주었으면 좋겠다.

"진작에 읽었으면 함정에 빠지지 않았을 텐데……."

이 책의 초판을 읽은 독자들이 자주 했던 말이다. 많은 이들

의 요청에 힘입어 기존에 출간했던 책의 내용을 보충해 다시
한 번 세상에 소개한다. 이 책은 당신이 인간관계를 효율적으
로 조율할 수 있도록 돕고, 직장에서 성공할 수 있도록 이끌 것
이다.

엔스 바이드너

contents

프롤로그
우리는 더 단호해질 필요가 있다 … 5

단호함의 심리학 - 1단계
친절함만으로는 아무것도 얻어낼 수 없다
80퍼센트의 친절함과 20퍼센트의 단호함 19 | 언제 웃고 언제 화낼 것인가 25

단호함의 심리학 - 2단계
나를 먼저 사랑하는 용기가 필요하다
착하게 살면 더 빨리 천국 간다 35 | 인간 본성으로서의 선한 이기주의 39

단호함의 심리학 - 3단계
내 안에 숨은 공격성을 발견하고 인정하라
부처님 마음속에도 공격성은 있다 47 | 내 몸과 마음을 보호하

는 최소한의 생명 장치 50 | 공격성과 자신감은 종이 한 장 차
이 53 | 일상에서 마주하는 공격성의 4가지 얼굴 57 | 당신의
직장 생활을 힘들게 하는 5가지 공격성 63

단호함의 심리학 – 4단계

매운 고추 전략으로
한 발 더 빠르게 대응하라

바람을 두려워하는 사람은 나아갈 수 없다 77 | 긍정적 공격성
을 성공으로 연결하는 사람들의 성격과 특징 80 | 단호한 태도
를 갖추는 8가지 전략 84

단호함의 심리학 – 5단계

기울어진 운동장일수록
공격적으로 나아가라

성공한 경영인의 태도를 학습하라 95 | 부조리한 세상에서 자
기 연민은 시간 낭비다 98 | 자기밖에 모르는 남성 권력자들
101 | 유리 천장에 맞서는 쎈언니의 자세 104 | 쓴소리하고 싶
지만 상처 주고 싶지는 않다?! 107 | 높은 도덕성의 잣대를 뛰
어넘어라 110 | 착한 여자는 화장실로 가고, 공격적인 여자는
사장실로 간다 112

단호함의
심리학
-
6단계

나는 얼마나
단호한 사람일까?

단호함 테스트로 내 성격 파악하기 117 | 1차 분석: 긍정적 라
벨링으로 강점을 알려라 126 | 2차 분석: 당신이 감춰온 매운맛
을 드러내라 133 | 3차 분석: 당신의 약점을 당당하게 보여줘라
137 | 4차 분석: 당신의 트라우마를 어루만지고 극복하라 143

단호함의
심리학
-
7단계

권력의 밑바닥에서
빠르게 탈출하라

권력관계 분석은 직장 생활의 시작이다 153 | 다이아몬드 원
칙으로 조직의 구조를 이해하라 155 | 직장 내 당신의 위치와
역할을 파악하라 165 | 상사나 고객보다 빨리 달리지 말라 172

단호함의
심리학
-
8단계

내가 원하는 방향으로
사람을 움직이는 심리 기술

순발력 트레이닝: 나를 살리는 한마디 말 177 | 비언어적 대응
법: 상대를 제압하는 날카로운 눈빛 184 | 선을 넘는 상대를 제

압하는 6가지 전략 187 | 작은 금 하나가 평생 쌓아올린 댐을
무너뜨린다 198

단호함의 심리학 — 9단계

알아두면 좋지만
써먹으면 안 되는 게임의 법칙

비즈니스와 범죄의 공통점 203 | 책임을 부인한다 207 | 부당
하지 않다고 우긴다 209 | 윗선을 가리킨다 211 | 피해자를 탓
한다 213

에필로그
당신은 더 단호해질 수 있다 … 218

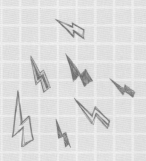

단호함의
심리학
―
1단계

친절함만으로는
아무것도
얻어낼 수 없다

80퍼센트의 친절함과
20퍼센트의 단호함

　이 세상의 모든 사람이 서로 도우면서 사이좋게 지내면 사회
가 아름다워질까? 모두 친절하게 다른 사람을 배려하면 개개
인의 인생이 만족스러워질까? 아마도 그렇지 않을 것이다. 가
끔은 다른 사람과의 논쟁이나 대립이 개인의 인생과 사회 전
반에 활력을 불어넣는다. 우리는 사회생활을 하면서 남에게
맞춰주고 수긍하기보다는 자신의 의견을 적극적으로 주장하
고 단호하게 굴 필요가 있다.

특히 직장인의 일상은 화목과는 전혀 동떨어진 모습이다. 직장이야말로 경쟁이 난무하는 곳이다. 매일 갈등과 반목을 피할 수 없다. 말만 번지르르한 동료에게 당신의 찬란한 아이디어를 도둑맞은 적이 어디 한두 번인가? 동료들에게 무시당한 적은 또 얼마나 많은가? 당신과 직장 생활을 함께하는 사업 파트너, 동료, 상사가 전부 착한 사람은 아니다. 그러니 순진하게 그들의 말을 무조건 믿어서는 안 된다.

나는 10년 동안 범죄학자이자 교육학자로서 미국과 독일에서 범죄자, 경기장 난동꾼, 반체제주의자, 살인범 등의 심리를 연구했다. 그리고 그 뒤 10년 동안 독일과 스위스에서 경영 트레이너로 활동하며 경영자들과 기업 임원들을 상대로 컨설팅을 진행한 덕분에 사람 마음의 저 깊은 곳에 숨은 어두운 면을 들여다볼 수 있게 되었다. 그렇게 모든 과정을 마쳤을 때 나는 한 가지 교훈을 얻었다. 선량한 마음씨만으로는 인생을 살기가 너무 힘들다는 사실을.

당신은 아마 멋진 사람일 것이다. 협동심이 강하고 남의 마음을 헤아릴 줄 아는 좋은 사람일 것이다. 하지만 이 책은 당신의 그런 고귀한 심성에는 관심이 없다. 오직 당신의 독한 면모, 혹독한 경쟁을 이겨내고 제 뜻을 관철할 수 있는 단호하고 공격적인 심성만을 격려하여 키우는 게 이 책의 목표다.

친절, 이해, 공감, 협력만으로는 성공할 수 없다. 그렇게 살다가는 남들에게 이용당하고 무시당하기 일쑤다. 착한 사람은 매일 밤 괴로움을 달래기 위해 술을 마시거나 공황장애 약을 입에 달고 사는 게 현실이다. 심각한 스트레스로 몸이 망가져 응급실에 실려 가는 경우도 있다.

이제 이 책을 읽고 당신 안에 숨은 20퍼센트의 투지와 공격성을 깨워보자. 그 20퍼센트가 당신을 건강하고 단단한 사람으로 만들어줄 것이다. 앞으로 혼자 분을 삭이는 일도 없을 테고 당신이 만만한 적수가 아님을 모두가 깨닫게 될 것이다. 인생이 정말 재미있어질 것 같지 않은가?

그런 당신의 투지가 선의를 관철한다면 우리 사회도 더 나아질 것이다. 당신은 충분히 좋은 세상을 만들 능력이 있다.

이제 사회는 더 이상 사람을 완전히 개조하자고 외치지 않는다. 요즘은 있는 그대로의 모습을 유지하되, 조금 더 낫게 고치자는 시대다. 당연한 얘기지만 우리의 인성이 완전히 뜯어고쳐야 할 정도로 한심할 리는 없다. 그랬다면 당신은 애당초 지금의 위치까지 오르지도 못했을 것이다.

우수한 전문 지식과 뛰어난 기술, 탄탄한 네트워킹 등 직장에서 필요한 기본 자질은 모두 갖추었으니 이제 딱 한 가지만 보태면 된다. 바로 당당하고 자신감 있는 태도다. 이를 위해서는 강한 역풍이 불어도 당당히 맞서는 투지와 용기, 에너지가 있어야 한다. 이와 관련하여 경제학자이자 세계적인 유행 분석가인 다비트 보스하르트David Bosshart는 다음과 같이 말했다.

> "경영은 투지와 용기, 상황 파악으로 이루어진다. 그 중에서도 무언가를 이루고자 하는 투지가 제일 중요하며 다음으로 야망을 품겠다는 용기가 필요하다. 상황을 정확히 파악하는 능력도 그 못지않게 중요하다."

당신도 투지와 용기, 상황 파악 능력을 갖출 수 있다. 당신 안에 숨은 긍정적 공격성을 끌어내기만 하면 된다. 내가 당신을 도와줄 것이다. 우선 투지를 키우고 싶다면 당신을 선의로 대하지 않는 사람들과는 대결도 마다하지 않겠다는 각오가 필요하다. 그러나 대부분의 사람은 그 각오를 세우는 데 어려움을 겪는다. 나 역시 처음에는 선뜻 그런 용기를 내지 못했다. 하지만 나는 미국에서 내 의지와 상관없이 대결을 경험했고, 그 과정이 깊은 인상을 남기며 나를 변화시켰다.

나는 필라델피아 민영 소년교도소에서 청소년 범죄자들을 대상으로 연구한 적이 있다. 처음 교도소장을 만난 자리에서 내가 참관만 하겠다고 말하자 곧바로 이런 대답이 날아왔다. "웃기는 독일 놈이네, 당장 짐 싸서 나가!" 그는 내 연구 계획에 동의하지 않는다는 뜻을 강하게 내비쳤다. 그것도 모자라 그는 내가 '착한 사람 증후군'이라는 분석까지 곁들였는데, 아무리 들어봐도 칭찬 같지는 않아서 나는 그 말을 '갈등을 두려워하는 겁쟁이'라는 뜻으로 해석했다.

어쨌든 그는 나의 이런 결함을 대결 훈련으로 없애주겠다며 당장 작업에 돌입했다. 앞으로 열흘 동안 수감된 청소년 범죄자들과 150회에 걸쳐 면담하고, 그들의 서명을 받아와야 한다는 지시를 내린 것이다. 예를 들면 이런 식이었다. 교도소 수감자들은 혹시 모를 사고를 예방하기 위한 조처로서 귀걸이를 착용할 수 없었는데, 나의 첫 번째 대결 상대는 이 규정을 지키지 않는 폭력범이었다. 나는 그를 설득하여 귀걸이를 빼게 만들어야 했다.

대결은 몇 단계를 거쳤다. 처음에는 비언어적 방법으로 그에게 귀걸이를 빼면 좋겠다는 뜻을 전했다. 그러나 그는 나의 말에 따르지 않았다. 두 번째로 나는 정중하게 말로 귀걸이를 빼라고 부탁했다. 역시나 그는 나의 말을 듣지 않았다. 세 번째로는 거칠게 말했다. "귀걸이 빼!" 이번에도 그는 그러지 않았다. 네 번째로는 그의 어깨에 손을 얹고 얼굴을 바짝 들이밀며 교도소 규정을 지키라고 압박했다. 그래도 소용없었다.

결국 나는 마지막 조치로 "서포트!"라고 외쳤고, 교도관들과 수감 청소년들이 나를 도와주러 우르르 달려왔다. 모두가 그를 둘러싸고 큰 소리로, 작은 소리로, 다정하게, 거칠게 10분 동안 귀걸이를 빼라고 종용했다. 마침내 그가 항복하고 귀걸이를 뺐다. 대결은 끝났고 나는 서명을 받았다. "미스터 바이드너가 오전 9시 14분에 나와 대결했다."

그날 나는 엄청난 스트레스를 받았다. 앞으로 149번의 대결이 더 남았다는 생각에 머리가 지끈거렸다. 너무 신경 써서 목과 가슴에 피부 발진이 돋을 정도였지만, 머리에는 엄청난 경험이 쌓였다. 교도소장은 전체 팀원들을 모아놓고 큰 소리로 나를 칭찬했다.

나는 이 경험을 통해 나도 할 수 있다는 확신을 얻었다. 그런 확신은 절로 자신감을 뿜어낸다. 당신에게서 그런 자신감의 빛을 본 사람이라면 절대 당신의 친절을 허약함이라고 오해하지 못할 것이다.

언제 웃고 언제 화낼 것인가

자신의 투지를 믿는 것도 중요하지만 상황을 제대로 파악하는 능력도 그 못지않게 필수적이다. 언제나 대결이 최선의 방법인 것은 아니며, 사람마다 자극에 따른 반응 정도가 다르다는 점도 명심해야 한다.

이 역시 아픈 경험을 통해 얻은 교훈이다. 폭력범의 머리에서 폭력적인 생각을 제거하는 치료법 중에 '뜨거운 의자'라는 것이 있다. 폭력범이 피해자에게 공감과 연민을 느끼도록 만드는 방법이다. '뜨거운 의자'라는 이름은 폭력범을 방 한가운데 의자에 앉혀 두고 수감된 범죄자들과 치료사들이 빙 둘러 서서 집단으로 그를 비판하기 때문에 의자에 앉은 사람이 땀을 줄줄 흘려서 붙은 이름이다.

독일 사법부에서 일을 시작한 지 얼마 되지 않은 1987년이었다. 폭력범으로 수감된 한 남성의 치료가 내게 배정되었다. 22세의 청년이었는데 성격이 너무 욱한 데다 탈모에 대한 콤플렉스가 심해서 누가 머리 이야기만 해도 얼굴이 시뻘게지면서 불같이 화를 냈다. 자제가 통 안 되는 상태였는데, 감옥에 오게 된 것도 술집에서 사소한 시비 끝에 주먹을 휘둘렀기 때문이었다.

나는 일부러 그를 자극함으로써 그가 버틸 수 있는 자극의 세기를 최대로 끌어올려 앞으로는 어떤 상황에서도 자제력을 잃지 않게 만드는 일을 맡았다. 그가 치료를 받다가 욱하면 충분히 주먹을 휘두를 수도 있는 상황이었다. 그래서 나는 그에게 도저히 못 참아서 폭발할 것 같으면 미리 말해 달라고 부탁했다.

치료를 시작한 지 3분이나 지났을까? 그가 외쳤다. "그만!" 나는 짜증이 났다. 이 자리를 마련하려고 1시간 넘게 준비했다. 그런데 겨우 3분 만에 타

임아웃이라니! 나는 그의 외침을 무시했다. "치료하기 싫어서 괜히 꾀부리는 거야." 속으로 그렇게 생각했다.

나는 그에게 다가가 살짝 땀이 밴 그의 훤한 머리통을 쓰다듬으며 말했다. "그러지 말고 좀 더 참아보시지." 순간 그가 벌떡 일어나 그 넓적한 손으로 내 뺨을 후려갈겼다. 잠시 후 화를 가라앉힌 그가 사과하면서 말했다. "그래도 당신이 학자라서 일부러 살살 때린 거요."

얼굴의 부기는 사흘을 갔지만, 학자라서 봐줬다는 그의 말은 사실이었을 것이다. 그가 감옥에 오게 된 정확한 죄목은 살인미수 및 폭행이었으니까.

번지수 틀린 대결과 거친 행동을 건설적이고 생산적인 긍정적 공격성과 헷갈려서는 안 된다. 나처럼 철없이 나대다가는 뼈아픈 교훈을 얻게 될 테니까 말이다.

물론 이 책에서 다룰 내용은 신체 공격이 아니다. 우리는 권력 게임을 이야기할 것이다. 주로 당신이 직장에서 예상해야 할 경쟁 상황과 부당한 공격에 맞서는 방법을 다루려고 한다. 이 모든 훈련의 목표는 하나다. 당신의 투지를 키워 앞으로는 당신의 앞길을 가로막는 모든 훼방꾼을 신속하게 무찌르자는 것이다.

단호함의 심리학 2단계 〈나를 먼저 사랑하는 용기가 필요하다〉에서는 투지와 이기주의의 차이점에 관해 이야기할 것이다. 앞서 말했듯 모든 사람이 자발적으로 이웃을 사랑하고 배려하면 참 좋겠지만, 그런 사람은 남에게 이용당하고 무시당할 가능성이 크다. 당신의 친절을 허약함으로 해석할 사람이 많기 때문이다. 착한 마음과 착한 사람 증후군의 경계는 어디쯤일까? 왜 당신이 자신의 이익을 먼저 챙겨야 하는지 생각해보자.

3단계 〈내 안에 숨은 공격성을 발견하고 인정하라〉에서는 외면하기 쉬운 감정인 공격성의 의미를 재조명한다. 인간에게 공격성이 있는 이유가 무엇일까? 공격성을 띠게 되면 우리 몸과 마음에서는 어떤 일이 일어날까? 공격성은 대체 무엇이며, 어떻게 조종할 수 있을까? 나아가 공격성의 다양한 형태와 일상에서 표출되는 구체적 행동 양상에 대해서도 알아보자.

4단계 〈매운 고추 전략으로 한 발 더 빠르게 대응하라〉에서는 당신에게 숨은 타고난 공격성을 건설적으로 활용하면 어떤 기회가 찾아오는지 이해하고, 단호한 태도를 기반으로 하여 긍정적인 공격성을 발휘하는 매운 고추 전략의 8가지 기본 규칙을 파악해보자.

5단계 〈기울어진 운동장일수록 공격적으로 나아가라〉에서 는 성공한 사람들은 어떻게 생각하고 행동하며, 잠재된 공격 성을 발휘하는 남녀는 어떤 차이점을 가지고 있는지 추적하고 자 한다. 더불어 여성이라면 남성의 약점을, 남성이라면 여성 의 약점을 활용할 수 있는 방법을 찾아볼 것이다.

6단계 〈나는 얼마나 단호한 사람일까?〉에서는 객관적인 시 선으로 당신의 성격을 살펴보려 한다. 《매운 고추 테스트》를 실시하여 당신의 투지가 얼마나 강한지 알아볼 것이며, 당신 의 강점과 약점을 분석할 것이다. 조직에서 자신의 위치가 어 디인지, 어떤 강점을 활용하고 어떤 약점을 드러내지 않아야 할지를 알아야 확신과 자신감을 뽐낼 수 있다.

7단계 〈권력의 밑바닥에서 빠르게 탈출하라〉에서는 당신의 직장 환경을 중점적으로 분석한다. 주변의 누가 어떤 지위와 역할을 맡는지 파악하고, 특히 당신을 괴롭히고 트집하는 사 람은 누구이며 당신이 어려울 때 믿을 수 있는 사람이 누구인 지를 찾아낼 것이다.

8단계 〈내가 원하는 방향으로 사람을 움직이는 심리 기술〉 에서는 실전에 필요한 기술을 배운다. '아니오'라는 의사표현 과 순발력 있는 대답, 눈빛으로 제압하는 비언어적인 전략들이 뻔뻔한 사람들을 물리치는 데 얼마나 큰 효과를 발휘하는지 알아보자.

0단계 〈알아두면 좋지만 써먹으면 안 되는 게임의 법칙〉에서는 당신이 경쟁 사회에서 살아남기 위해 알아두어야 하지만 결코 사용해서는 안 되는 전략을 소개한다.

마지막으로 한마디만 더 하고 싶다. 넘치는 투지와 선량한 마음은 절대 모순이 아니다. 그러니 멈추지 말라. **80퍼센트의 친절함에 20퍼센트의 단호함을 발휘하라.** 희생양이 되지 말라. 당신의 마음속에서 그냥 좋은 게 좋은 거라고 넘어가자고 해도 절대 그 말에 넘어가지 말라. 그런 마음가짐으로는 경쟁 사회의 현실에서 살아남을 수 없다.

자신의 목표에 충실하고 이 책에서 배운 단호한 태도의 전략을 한껏 활용하라. 뻔뻔하게 행동하라. 직장은 도덕적 자기 검열이 필요한 곳도, 선과 악 가운데 하나를 선택해야 하는 곳도 아니다. 선하면서 뻔뻔할 수 있어야 한다. **역동적이되 남의 마음을 헤아릴 줄도 알고 품위가 넘치는 사람이 되어라.** 이 책에 담긴 긍정적 공격성의 전략이 당신의 삶을 풍성하게 만들어주고 직업적 · 사회적 성공을 선물할 것이다.

당신의 지위를 결정하는 것은
소질이 아니라 태도다.

– 지그 지글러Zig Ziglar

단호함의
심리학

—

2단계

나를 먼저
사랑하는
용기가 필요하다

착하게 살면 더 빨리 천국 간다

현대 사회의 기업에는 구조조정, 합병 등이 일상이 되었다. 직원들이 해고당하고 부서가 통폐합되며 곳곳의 위계질서가 무너지고 있다. 기술이나 전문지식만 있으면, 임원만 되면 노후가 보장되던 시대는 지나갔다. 기업 간 경쟁뿐 아니라 회사 내부 직원들 간의 경쟁도 날로 치열해진다. 이런 격랑의 시대에 성공을 향해 계속 나아가려면 더 거센 파도를 예측하고 준비해야 한다.

업무와 관련된 아이디어를 제시할 때도 마찬가지다. 당신의 참신한 아이디어가 통과되기까지 주변의 반대가 만만치 않을 것이다. 당신이 주장하는 혁신은 변화를 두려워하는 상사와 동료에게 그저 노동시간의 연장으로 여겨지기 때문이다. 다른 한편으로는 당신의 발상이 그들보다 뛰어나다는 증거가 될 수도 있다.

그러나 당신은 그들의 반대를 물리쳐야 한다. 점점 더 높아지는 파도를 넘고 이를 악물고 끝까지 나아가야 더 험난한 현실에서 살아남을 수 있다. 경쟁 사회에서는 아무리 착한 상사도, 아무리 친절한 동료도 그 따뜻한 마음씨 하나로는 절대 목표에 도달할 수 없다. 하늘은 늘 착한 사람을 먼저 데려가는 법이다. 그래서 참신한 아이디어로 변화를 꾀하려는 사람에게는 늘 이런 비난이 쏟아진다.

- "우리 회사에서는 그 방식이 통하지 않아."
- "여기서는 예전부터 늘 그래왔어."
- "자네도 나처럼 이 회사에서 15년쯤 일하다 보면 나와 같은 생각을 하게 될 거야."

당신은 이러한 상황에서 어떤 선택을 할 것인가? 갈등이 두려워 혁신적인 아이디어를 포기하거나 조용히 한 걸음 물러설 수도 있다. 어떤 사람은 심지어 승진이 걸려 있을 때조차 기회를 동료에게 양보하기도 한다. 그러나 그 숭고한 양보의 끝은 결코 감사와 칭송이 아니다. 오히려 모두가 당신을 만만한 실패자 취급할 뿐이다. 당신에게 배려를 받은 동료조차도.

다른 사람과 마찰하기 싫어서, 곤란한 상황을 만들지 않으려고 자신의 이익을 포기하고 **'아니오'라고 말하지 못하면 결국 돌아오는 것은 손해뿐**이다. 이용만 당하고 빈손이다.

단호하게 거절하지 않으면 금요일 오후 시간, 품이 많이 드는 동료의 업무는 당신 차지가 된다. 동료는 당신에게 일을 떠넘기고 취미 생활을 즐기러 갈 계획이지만, 당신에게는 거짓말을 둘러대고 당신의 능력을 찬양할 것이다. 이런 말을 곧이곧대로 믿고 금요일 늦은 밤까지 열심히 일하면 월요일 아침에 약간의 칭찬을 들을 수 있을지도 모른다. 그러나 그 뒤에는 당신의 서툰 시간 관리에 대한 비난이 곧 따라올 것이다.

제때 확실하게 거절했더라면 이런 일은 없었을 것이다. 하지만 사람들은 감히 그럴 용기를 내지 못한다. 거절했다가 돌아올 "왜 안 돼?"라는 질문에 제대로 답하지 못하고 상대의 논리를 반박하지 못할까 봐 지레 겁을 먹는다. 하지만 거절해야 한다. 상대가 당신을 압박해도, 동료나 상사가 당신의 커리어를 무너뜨리려 해도, 아니 그럴수록 더욱더 단호한 거절이 필요하다.

★ ☆ ☆ ★ ☆

권력 게임을 즐기는 자는 저항이 제일 적은 제물을 노린다. 저항해야 피해를 보지 않는다.

인간 본성으로서의 선한 이기주의

독일의 극작가 베르톨트 브레히트Bertolt Brecht의 희곡 「사천의 선인Der gute Mensch von Sezuan」에서 주인공 센테는 도움을 청하는 사람들의 부탁을 거절하지 못하는 인물로, 자기를 희생하면서까지 다른 사람들을 도와주다가 결국 파산 위기에 봉착한다. 그녀는 위기를 타개할 방편으로 야박한 성품의 사촌 슈이타를 거짓으로 만들어내고, 사람들이 부탁하러 오면 슈이타로 변장하여 그들의 부탁을 거절한다. 그녀가 살아남을 방법이 이런 인격분열밖에 없었던 것이다. 하지만 그런 극단적인 방법은 진정한 해결책이 되지 않는다. 이 작품은 이런 유명한 말로 끝을 맺는다.

"우리는 절망한 채 여기 서서 당황한 표정으로 무대의 막을 바라본다. 모든 질문은 답을 찾지 못했다."

투지가 넘쳐서 단호하게 거절할 수 있다면 다른 사람에게 이용당하거나 무시당하지 않는다. 오히려 사회에서 존중받고 인정받으며, 한 걸음 더 나아가 즐거운 마음으로 자신의 이익을 대변할 수도 있다.

성경에는 이런 구절이 있다. "네가 대접받고 싶은 대로 남을 대접하라." 세상의 모든 사람이 천사라서 모두가 그 충고를 따른다면 더할 나위 없이 유익한 행동 규칙이겠지만 현실은 그렇지 않다. 선을 옹호했던 사회심리학자 에리히 프롬Erich Fromm 조차 이런 말을 했다. "인간의 착한 마음만 믿다가는 그 그릇된 장밋빛이 쓰디쓴 실망을 줄 것이다." 무조건적인 이웃사랑을 순진하게 믿다가는 착한 사람 증후군에 빠져 희생되고 말 것이다. 심한 경우에는 파멸에 이를 수도 있다.

윤리학의 한 분야인 메타 윤리학은 우리가 자기희생과 이기주의의 딜레마에서 빠져나올 수 있는 방법을 제시해준다. 규범 윤리학이 어떻게 행동해야 하는지를 규정하고 확정된 규칙이나 가치를 전달하려 한다면, 메타 윤리학은 무엇보다도 자율적으로 행동해야 하는 상황에서 우리에게 유익한 조언을 건네고 자력과 생활력을 키워주고자 한다. 메타 윤리학 기준에서 보면 인간관계에서 일방적 소통은 바람직하지 않으며, 칭찬과 아첨에 넘어가서 이용당하지 말고 단호하게 거절하라고 조언한다.

물론 우리에게는 자신의 행동에 책임질 의무뿐 아니라 공익을 도모해야 할 의무도 있다. 이 책의 목표 역시 물불 가리지 않고 자신의 이익만 추구해야 한다는 것은 아니다.

그러나 성경에서는 이렇게 말한다. "네 이웃을 너 자신과 같이 사랑하라." 다른 사람을 챙기는 것도 좋지만 자신의 이익을 소홀히 하지는 말라는 얘기다. 우리는 개인의 이익을 일반의 이익과 결합할 방도를 찾아야 한다.

이에 사회철학자 제러미 벤담Jeremy Bentham의 공리주의가 답이 될 수 있을 것이다. 공리주의는 집단의 쾌락과 개인의 쾌락이 조화를 이루는 '최대 다수의 최대 행복'을 주장한다. 정치경제학자 애덤 스미스Adam Smith도 무차별적인 공격적 이윤 추구가 아닌 '최소한의 배려'를 요구했다. 눈앞에 보이는 이익이 매우 유혹적인 것은 사실이지만 그것은 결코 오래 가지 못한다. 그러므로 멀리 내다보는 이기주의가 필요하다. 그것이 우리의 이익과 지속성의 사상을 연결한다. 그런 점에서 멀리 내다보는 이기주의는 공익을 생각하는 이타주의와 매우 유사하다.

이 책은 남을 생각하지 않고 본인만 앞서 나가려는 이기적인 출세욕을 장려하려는 것이 아니다. **당신을 포함하여 당신의 기업과 직원 모두에게도 이익이 되는 선한 목표의 관철**을 지지한다. 선한 목표는 개인의 영향력과 능력을 키우는 데서 멈추지 않고 기업과 구성원 모두의 영향력과 능력도 한 뼘 더 키워주기에 그야말로 윈윈Win-Win이다.

단호한 태도를 기반으로 한 긍정적 공격성은 외부로부터의 저항을 이기고 앞으로 나아갈 용기를 주며, 투지의 에너지를 생산하는 원동력이 된다. 공격성을 활용하라는 말은 지금 당장 훼방꾼에게 달려가 주먹을 날리라는 뜻이 아니다.

심리학에서는 이를 두고 '승화Sublimation'라고 부른다. 공격적에너지를 경제적 · 문화적 · 사회적 업적으로 전환하는 것이다. 성공한 사람들이 사회적 신분과 개인의 재산을 이용하여 문화인을 지원하고 재단을 설립하는 것이 대표적인 사례다.

한마디로 승화는 도덕적으로 인정된 타고난 공격성의 활성화로, 개인의 한계를 넘어설 용기를 선사한다.

공격성은 부인할 수 없고 완전히 억압할 수 없으며, 제거 또한 불가능하다. 공격성이 생존 기능을 담당하는 인간의 기본 자질이기 때문이다. 관건은 그 공격성에 대처하고 활용하는 방식이다. 공격성이 모든 에너지와 활동의 잠재력임을 잊지 말라. 그것이 파괴적인 감정과 충동으로 변하는 이유는 열악한 상황 때문이다.

단호함의
심리학
ㅡ
3단계

내 안에
숨은 공격성을
발견하고 인정하라

부처님 마음속에도 공격성은 있다

사람들은 공격성이라는 말을 입에 잘 올리지 않는다. 다른 사람이 공격적이라는 말은 그래도 할 수 있지만, 자신의 공격성에 대해서는 무슨 일이 있어도 입을 꾹 다문다. 우리는 공격성을 어떤 것으로 인식하고 있을까? 공격성은 어디에서 비롯될까?

이미 수백 년 전부터 신학자, 철학자, 교육자, 심리학자들은 인간의 천성에 관해 고민해왔다. 인간은 선하게 태어나지만 험난한 환경 때문에, 살다 보니 살인자도 되고 독재자도 되는 것일까? 아니면 본래 악한 심성을 지니지만 문화에 교화되어 그나마 같은 인간을 덮치지 않는 수준이 된 것일까? 인간은 사람의 탈을 쓴 늑대인가, 아니면 순한 양인가?

보통 이 질문에 대한 답변은 '둘 다'이다. 태어날 때부터 소극적이고 내성적인 아기가 있는가 하면, 에너지가 넘치고 활동적인 아기도 있다. 유전적으로 좀 더 많은 에너지를 갖고 태어난 아기들이 나중에 그 에너지를 기업을 이끌고 일자리를 창출하는 데 사용할지 아니면 갱단의 두목이 되어 범죄를 저지르는 데 사용할지는 사회교육의 문제이자 당사자의 가치관 문제다. 생물학과 윤리, 사회의 영향이 모두 중요한 요인이 된다.

공격성은 어디서나 마주치는 현상이다. 모든 문화권의 모든 사람은 나쁜 의도는 아니지만 엄마의 젖꼭지를 깨무는 신생아(전문용어로 이를 우연한 공격성이라고 부른다)에서부터 자리에 누워 식구들을 괴롭히는 노인(적대적 공격성이라고 부른다)에 이르기까지 공격성을 품고 있다.

혹시 당신은 전혀 공격적인 사람이 아니라고 생각하고 있다면, 착각에서 빠져나와라. 공격성이라는 개념을 너무 호전적인 것으로 생각해 거부감을 느낄 수도 있다. 그러나 이 책에서 **공격성이란 '단호한 태도를 기반으로 하여 자신의 의견을 명확**

히 전달하는 능력'을 말한다. 연구 결과에 따르면 전 세계가 인
정하는 평화주의자에게도 공격성은 깃들어 있다고 한다. 삶과
죽음, 성욕의 본능은 우리 모두의 마음에 잠재한다. 결국, 당신
도 조금만 노력한다면 분명하고 단호하게 의사를 표현하며 모
두에게 존중받는 사람으로 변화할 수 있다.

내 몸과 마음을 보호하는
최소한의 생명 장치

    유명한 정신분석학자 마르가레테 미처리히 Margarete Mitscherlich 는 공격성이 인간의 기본 심정이며, 가끔은 파괴를 낳기도 하지만 근본적으로는 생존 기능을 갖는다고 강조했다. 공격성은 몸과 정신의 긴밀한 협조로 만들어진다. 공격성을 느끼고 그로 인해 땀이 나고 맥박이 뛰고 자제력이 사라지는 등 신체 반응이 나타나려면 먼저 적의를 느껴야 한다. 주변의 누군가가 내게 나쁜 생각을 품었다는 인식이 선행되어야 자기 몸을 보호하고 영역을 지키기 위한 공격적인 신체 반응이 나타난다.

> **적의의 인식 → 위험 → 신체 스트레스 반응**
> **→ 공격적 대응(또는 도주)**

　물론 적의는 느끼는 사람에 따라 그 강도의 차이가 크다. 어떤 사람은 아무 일 아니라고 생각해도 다른 사람은 심각한 위협으로 받아들일 수 있다. 적의는 사랑에 빠진 낭만주의자를 순식간에 투사로 만들 수도 있다. 내가 가르치는 대학생 가운데 한 명이 파리에서 비슷한 일을 겪었다.

　　　　　　　사랑의 도시 파리. 해가 뉘엿뉘엿 저무는 시간에 그는 센강 다리 밑에서 사랑하는 연인과 포도주를 마셨다. 여유롭고 낭만적인 시간이었다. 그러던 중 문득 범죄학 강의에서 들었던 말이 떠올랐다. "연쇄살인범은 대도시를 좋아합니다."
　마침 그 순간 바스락 소리가 나면서 어둠 속에서 뭔가가 움직였다. 간이

철렁 내려앉는 찰나 또다시 바스락 소리가 들렸다. 놀란 그는 와인병을 내팽개치고 연인의 손을 잡고 소리쳤다. "달려, 달려." 동시에 굵은 나뭇가지 하나를 집어 혹시 모를 공격에 대비했다.

그러나 결국 아무 일도 일어나지 않았다. 센강은 흐르고 노을은 붉게 타고 연쇄살인범은 오지 않았다. 모든 것이 망상이었지만 적의를 인식한 그는 싸울 태세를 갖추었다.

돌이켜보면 그 학생의 반응은 참으로 황당하고 어이없지만, 이를 통해 공격성 구조의 중요한 측면을 알 수 있다. 바로 '보호'다. 머리카락이 쭈뼛 설 때는, 스멀스멀 두려움이 치밀어오를 때는, 긴장되면서 몸이 절로 공격 태세를 갖출 때는 반드시 이 조기 경보 시스템의 소리에 따라야 한다. 혹시 모를 위험을 경고하는 소리이므로 망설임 없이 도주나 반격을 준비해야 한다.

공격성과 자신감은 종이 한 장 차이

　부정적 공격성은 분노 조절 훈련으로 억제할 수 있다. 다양한 치료 방법이 그 사실을 입증한다. 반대로 긍정적 공격성은 더 강화할 수도 있으며, 투지 있게 뜻을 관철할 때도 활용할 수 있다. 화가 나도 속으로 삭이기만 할 것이 아니라 당당하게 '싫어요'를 말할 수 있다면 남에게 존중받는 것은 물론이고 더 건강하게 살 수 있다.

　공격성을 조절하는 데 가장 중요한 요인은 바로 마음이다. 분노 조절 훈련에서는 가해자가 피해자에게 연민을 느끼게 하도록 노력한다.

오스트리아 출신의 미국 교육학자 프리츠 레들Fritz Redl은 이를 두고 '공격적인 가해자의 영혼을 마사지하여 피해자의 고통을 그 안으로 흡수시킨다'고 표현했다. 가해자들이 폭력을 즐기는 이유는 피해자에게 분노를 해소하여 자의식을 끌어올릴 수 있기 때문이다. 공격성이 그들에게 권력의 기분을 선사하는 것이다. 어떤 가해자는 '남을 살리고 죽일 수 있는 권리를 가진 신이 된 기분'이라고까지 말한 적이 있다.

바로 이런 가해자의 흥겨운 기분을 망치려는 것이 분노 조절 훈련의 목표다. 예를 들어 가해자를 몇 시간 동안 '뜨거운 의자'에 앉히고 비난을 퍼부어서 피해자의 고통과 집중 대면하도록 만든다. 그럼 가해자는 자신의 폭력으로 인한 타인의 고통을 고민하고 차츰 그에게 연민을 느끼다가, 결국 폭력에 대한 재미를 잃고 죄책감과 수치심에 휩싸인다.

피해자 보호를 위해서는 이것이 매우 중요한 과정이다. 죄책감과 수치심은 앞으로 다시 폭력적 충동을 느끼더라도 자제할 수 있게 만드는 제동 장치가 되기 때문이다. 이와 관련하여 앞서 소개했던 미국 민간 소년교도소에서 겪었던 또 하나의 경험담이 있다.

볼티모어 외곽지대의 갱단 대장이었던 조지는 교도소에 입소하자마자 체구가 작은 마이크에게 다짜고짜 시비를 걸었다. "뭘 쳐다봐. 인마." 조용한 성격의 마이크는 그 말에 모욕감을 느끼고 조지에게 사과를 요구했다. 조지는 어이없다는 표정으로 욕을 퍼부었다. "뭐? 사과? 미친 거 아니야? 볼티모어였으면 넌 벌써 내 손에 죽었어."

이 광경을 본 네 명의 수감 청소년이 다가와 조지를 둘러싸고 비판하기 시작했다. "너 뭔데 막말해? 왜 함부로 사람을 무시해?" "다른 사람을 존중할 줄 알아야지." 조지는 이 상황이 어리둥절하기만 했다. 그러나 그사이 몰려온 열 명이 넘는 청소년들이 원을 그리며 그를 에워쌌다. 그리고 조용한 목소리로 그를 비판했다. "조지, 넌 오늘 처음 온 신참이야. 밖에서는 얼마나 대단한 사람이었는지 몰라도 여기서는 안 통해. 착각하지 마."

점점 사람이 늘어나더니 어느덧 그를 둘러싼 인원이 스무 명에 가까웠다. 모두가 그에게 한마디씩 싫은 소리를 했다. 큰 소리로, 조용하게, 다정하게, 거칠게. 15분 동안 언어 대결의 폭풍이 휘몰아쳤다. 조지의 표정에 긴장의 빛이 역력했다. 그는 이런 일이 도무지 이해되지 않았다. 볼티모어 같았으면 이렇게 참지도 않았다. 벌써 주먹이 몇 번은 나갔을 것이다.

잠시 후 교도관이 와서 대결을 마무리 지었다. "조지, 몇 분 만에 모든 아이를 적으로 만들었구나. 대단해. 다들 모욕을 느꼈으니 이젠 사과를 해도 소용없겠다. 우리는 널 원하지 않거든. 가방을 꾸려서 다른 곳으로 가야겠다." 결국 조지는 새로운 시설로 옮겨졌고, 한 가지를 깨닫게 되었다. 인생에서 늘 폭력이 통하는 건 아니라는 사실을.

긍정적 공격성을 키우는 훈련은 정확히 이와 반대다. 뜻을 관철해나가지 못하게 가로막는 도덕적 장애물을 무너뜨리고 다른 사람과의 경쟁에 승리하고자 하는 야망을 일깨워준다. 특히 사리사욕만 챙기는 비열한 출세주의자들을 만났을 때 끝까지 물고 늘어질 수 있는 투지를 가르친다.

이런 변화의 출발점은 의식과 자세에 있다. 공격성을 키우는 훈련의 목표는 신체적 차원이 아니라 갈등을 회피하는 심리적·인지적 장애물의 제거다. 적의를 막기 위한 자기 보호 차원의 일반적인 공격성이 아니라, 걸림돌이 되는 직장 내 조직에 대항하는 상상력의 활성화가 목적인 것이다. 더 발전하고 싶다면 변한 자신을 상상하고 자신을 믿어야 한다.

일상에서 마주하는
공격성의 4가지 얼굴

　공격성이라고 해서 모두 같지 않다. 욕설, 조롱, 폭력 등 그 형태와 강도가 매우 다양하다. 공격성의 건설적인 에너지가 파괴적인 행동으로 바뀌는 데는 상황의 위험성 인식에서부터 시작한다.

　경제 분야에서는 보통 자신의 권력이 약화되거나 약화되는 것 같을 때 그 반응으로 공격성이 나타난다. 대부분의 직장인이 권력 약화에 심한 공포를 느끼기 때문이다. 그러니 이들이 남들보다 더 빨라야 하는 것은 물론이고 남들보다 더 공격적인 자세가 필요하다고 생각하는 것은 당연하다. 자신의 공격성을 깨닫지 못하는 사람은 사회나 기업에서 불필요한 사람이될 수도 있다. 자신과 남을 잘 알기 위해서라도 공격성의 4가지 형태를 정확히 파악할 필요가 있다.

1. 노골적으로 파괴적인 공격성

이런 형태의 공격성은 물리적 상해, 심한 경우 상대의 목숨을 위협한다. 적을 제거하기 위해 청부살인을 의뢰하기도 하며, 마피아의 사업에 관여하거나 고위 관직들에게 뇌물을 건네는 등 범죄도 두려워하지 않는다. 적을 제거하기 위해서라면, 또는 자기 욕심을 채우기 위해서라면 감옥에 들어갈 일도마다하지 않는 것이다. 물론 가해자 자신은 그런 공격이 자신을 보호하기 위한 마지막 수단이었다며 자기 행위를 정당화한다.

남부 독일의 한 여성 기업인도 그런 잔

인한 공격을 당했다. 집이 불탔고 어느 날 밤에는 괴한의 습격까지 받았다. 심증은 있었다. 그녀의 기업이 성공함으로써 존립이 위태로워진 경쟁사가 배경일 것이다. 하지만 물증이 없었다. 어쨌든 피해자 입장에서는 성공의 대가를 혹독하게 치른 셈이었다. 비싼 돈을 주고 보디가드를 고용하고도 매일 벌벌 떨어야 했으니까 말이다.

"경쟁사가 당신의 경제적, 사회적 위치와 가정 및 인간관계를 위협한다면 청부살인을 의뢰할 생각이 있습니까?" 나는 성공한 기업인들에게 이런 질문을 던졌다. 오십 대 중반의 어느 최고 경영자는 질문을 듣자마자 곧바로 "네"라고 대답했다. 평생 동안 고생하며 이룩한 것이 허망하게 무너지는데 가만히 있을 사람이 어디 있겠느냐고 하면서 말이다. 그러나 그는 다른 경영인들의 호된 비판을 받았다. 왜 그들은 그를 비난했을까? 너무 잔인해서? 그렇지 않다. 직접 자기 손으로 처단하지 않고 비겁하게 남의 손을 빌렸기 때문이다.

2. 노골적으로 부정적인 공격성

이 형태의 공격성은 상대의 심리를 무너뜨리려고 한다. 협박, 전화 테러, 계속되는 감시로 피해자의 마음을 불안하고 혼란스럽게 만든다. 가해자는 피해자가 고통받는 모습을 보며 만족해한다. 심리 공격은 꾸준히 반복되어야 파괴적인 영향력을 지닌다. 그래야 피해자의 마음을 무너뜨릴 수 있다.

동료 사이의 따돌림과 상사의 비합리적인 권력 행사가 이런 공격성의 가장 대표적인 형태다. 이 두 행위는 널리 퍼져있지만 입증하기가 어렵다. 처음에는 별로 심각하지 않은 헛소문으로 시작되지만 끝은 목숨이 오가는 큰 위험이 될 수 있다. 가해자들의 목적이 피해자를 불안하게 만들고 심리적으로 괴롭히는 것이기 때문이다.

따돌림은 시간을 두고 지속적으로 반복됨으로써 파괴적인 힘을 떨친다. 최악의 경우 피해자는 이 모든 상황이 '하늘의 뜻'이라고 생각하거나 자신이 '타고난 피해자'라고 체념하며 만사에 의욕을 잃고 만다. 그래도 가해자는 아랑곳하지 않는다. 그런 사람에게 피해자에 대한 연민의 감정을 기대해서는 안 된다. 그들은 그저 자신의 목표를 달성했을 뿐이다. 마침내 상대를 무력화시켰다!

하지만 따돌림 행위가 발각되어 회사에서 책임을 져야 하는 상황이 되면 세상에 저런 연민이 어디서 나왔을까 싶게 연민의 전도사가 된다. 자신을 향한 연민의 전도사 말이다. 그때 다른 사람들은 그런 태도에 넘어가서는 안 된다.

3. 은근히 파괴적인 공격성

이 형태의 공격성은 제3자의 희생이 의도는 아니었지만 어쩔 수 없는 부작용 같은 것이라고 생각한다. 자신의 경제, 사회, 학문, 예술적 성공을 위해서라면 어떤 희생도 마다하지 않는다. 사실 주변을 조금만 둘러보면 드문 현상도 아니다. 부자들의 탈세와 고위 관직자들의 학술논문 위조 소식이 심심찮게 들려오곤 한다.

치열한 경쟁에서 살아남기 위해 노력하다 보면 아무 상관없는 사람들이 피해를 입어도 눈을 질끈 감게 될 때가 있다. 국가라고 해서 별다를 것이 없다. 무기 수출이 금지된 국가로 몰래 무기를 건네주거나 광우병에 걸린 소고기를 속여서 대량 수출하기도 한다. 독일은 리비아에 독가스를 공급하고서 리비아의 독재자 무아마르 알 카다피Muammar al-Qaddafi의 아들에게 이런 칭송까지 들었다. "우리는 독일인을 좋아한다. 독일인이 우리를 도와주었다."

4. 은근히 부정적인 공격성

이 형태의 공격성 역시 경제적 성공을 목표로 한다. 경쟁자의 손실과 고통을 당연한 일로 여기는데, 대표적인 것이 최고 경영자들의 권력 다툼이다. 전략적인 이유에서 법에 어긋나는 일을 조금 저지른다고 해도 이들은 오히려 그것을 즐기기도 한다. 내 세미나에 참가했던 한 철강 기업 경영자는 이런 형태의 공격성을 '위로 오르기 위한 창조적 해석의 틀'이라고 불렀다. 그는 자본이 취약하고 협조적이지 않은 경쟁사를 협박하여 결국 굴복시킨 '적대적 인수합병'을 이런 말로 미화한 것이다.

당신의 직장 생활을 힘들게 하는
5가지 공격성

앞서 살펴본 공격성의 4가지 기본 형태는 직장에서 6가지로 세분화되어 나타난다. 그 가운데 긍정적 공격성을 제외한 나머지 5가지는 당신의 경력에 매우 해로운 영향을 미친다.

1. 변덕스럽고 충동적인 공격성

욱하는 마음에서 공격적인 말이나 행동이 튀어나올 때가 있다. 이런 공격성은 직장 생활에 도움이 되지 않을 뿐만 아니라 돌아서면 바로 후회가 밀려온다. '먼저 생각한 뒤 말한다'라는 의사소통의 기본 원칙이 통하지 않는 유형으로, 이런 공격성을 지닌 사람들은 자제력이 부족하고 무능하다는 인상을 주기도 한다.

사실 따지고 보면 매우 본능적인 반응이지만 직장에서 이런 태도는 이해받기 어렵다. 따라서 이런 공격성을 보이는 사람은 기업의 중요한 회의에는 배제하는 것이 기업과 팀의 이익에 도움이 된다. 욱하는 마음에 흥분하여 그 자리를 망칠 수도 있기 때문이다.

그러나 이런 부작용에도 이들은 쉽사리 욱하는 성질을 버리지 못한다. 특히 기업의 임원들은 직급이 높으니 아래 직원에게 함부로 화풀이해도 된다고 생각하기도 한다. 하지만 자꾸 그런 모습을 보이면 믿고 따르는 직원들이 서서히 썰물처럼 빠져나갈 것이다. 그런 변덕스러운 상사 밑에서는 아무리 노력해도 인정받기가 어렵다는 사실을 깨닫기 때문이다. 어느 컨설팅 회사의 설문조사 결과를 보면 변덕스러운 임원이 많은 기업은 그렇지 않은 기업에 비해 회사 분위기가 좋지 않고 매출도 최고 6퍼센트 이상 떨어졌다.

2. 실망감으로 인한 공격성

이루지 못한 소망이나 갖지 못한 권력에 대한 실망감을 공격적인 행동으로 되찾겠다는 절망적인 노력이다. 이상이 너무 높아서 현실이 그 이상을 따라가지 못하는 사람들에게서 많이 볼 수 있는 공격성 형태다.

능력 있는 화학자가 있다. 실험실에서 오래 일한 그는 이제 현장을 벗어나 관리직이 되고 싶다. 또는 실험실 팀장이라도 되길 바란다. 자신의 능력으로 볼 때 충분히 그 정도 자리는 보장되어야 한다고 생각한다. 하지만 회사에서는 그럴 기미가 보이지 않는다. 그가 워낙 자기 홍보를 할 줄 모르는 사람인데다, 지금껏 누구에게도 자신의 야망을 털어놓은 적이 없기 때문이다. 한마디로 그는 '잠자는 숲속의 공주 증후군'이다. 맡은 일만 열심히 하면 왕자님이 와서 키스로 잠을 깨워줄 것이라고 믿었다.

하지만 그가 실험실을 완벽하게 맡아주고 있는데 회사에서 무엇 때문에 그를 승진시켜주겠는가? 그가 영원히 실험실에 있는 것이 회사 입장에서는 훨씬 더 득이 되는데 말이다. 마음은 괴롭지만 그렇다고 회사를 박차고 나갈 용기가 없는 그는 실망감에 젖는다. 실망감은 그의 영혼에 달라붙어 그를 매사에 부정적인 투덜이로 만든다. 당연히 아래 직원들은 점점 더 그를 외면하고, 그는 영영 관리직에는 오를 수 없는 무능한 사람으로 낙인찍히고 만다.

당신의 부서에 이런 직원이 있는데 자기 일을 워낙 잘해서 승진시켜주는 것이 고민된다면 끊임없이 그의 뛰어난 능력을 인정하고 칭찬해주어야 한다. 그 칭찬이 그에게 큰 위안이 되어서 당신에게 충성을 다할 것이다.

한편, 실망감으로 인한 공격성이 아름다운 열매를 맺는 경우도 있다. 나는 어느 중소기업 사장에게서 그런 경우를 보았다. 실망도 긍정적으로 향하면 엄청난 선행을 일으킬 수 있다.

비록 회사는 탄탄하게 키웠지만 지방의 중소기업이라 그는 만족스럽지 않았다. 대형 경제 신문사에서 인터뷰를 하자고 달려오는 대기업의 사장이 되고 싶었다. 그 지역에서는 누구나 알아주는 유명인이었지만 항상 '2부 리그'라는 자조가 떠나지 않았다.

그러나 실망감이 준 공격성은 긍정적인 방향으로 발현되어 창의적인 꽃을 피웠다. 그가 문화재단을 설립하고 예술가들을 후원하여 기적을 일으킨 것이다. 결국 그는 원하던 명성을 경제 바깥에서 얻어냈고, 주변 사람들 역시 그의 덕으로 예술과 문화의 혼을 피울 수 있었다.

3. 복수심으로 인한 공격성

복수는 과거의 일을 되돌리려는 어리석은 노력이다. 복수심 탓에 공격적으로 변한 사람은 더욱 참담한 결과를 낳는다. 의미 없는 일에 시간과 노력을 헛되이 낭비하기 때문이다.

어느 건설사 대표가 국가사업 수주를 위해 담당자에게 엄청난 공을 들였다. '사무실 특별 경비'도 지원해주고 직접 담당자의 집까지 수리해주었다. 그러나 국가사업은 다른 기업에 넘어갔고 결국 그의 노력은 허사로 돌아갔다. 누구라도 그의 입장이라면 뇌물 받은 담당자에게 매우 화날 것이다. 그래서 어차피 벌어진 일, 돌이킬 수 없다는 것을 알면서도 그는 평소 친분이 있던 기자에게 슬쩍 그 담당자와 관련된 헛소문을 만들어 흘렸다. 그가 젊은 여자와 바람이 나서 살림을 차리고 아이까지 낳았다고 말이다.

언론이 두 달 동안 그 담당자와 관련한 온갖 추측성 보도를 내보낸 뒤 결국 그 소문은 사실이 아님이 밝혀졌다. 하지만 그는 아내와 거의 이혼 직전까지 갔고 라이온스 클럽에서도 퇴출당했으며 최근에는 스트레스로 심장에 이상이 생겼다고 했다. 그런데도 헛소문을 퍼트린 건설사 대표는 전혀 죄책감을 느끼지 않았으며 그가 불쌍하다는 생각도 들지 않았다. 그의 입장에서 보면 그것은 정의의 실현이었다.

복수심에 눈이 멀어 옳지 않은 일을 행하고도 죄책감을 느끼지 않는 유형이다. 미국의 저명한 범죄학자인 데이비드 마차David Matza와 그레샴 사이크스Gresham Sykes는 이를 중화이론Neutralization Theory으로 설명한다. 자신이 끔찍한 일을 당했으니 복수는 정당하고 필수적이라는 논리다. 이 이론에 대해서는 뒤에서 더 자세히 알아보겠지만 위의 건설사 대표 역시 같은 논리로 자신의 행동을 정당화했다. "피해자는 당해도 마땅하다! 다 자기가 잘못해서 그런 일을 당한 것이다!"

이런 유형의 사람들은 끈질겨서 절대 잊지 않고 과거를 곱씹는다. 내가 만난 어느 기업의 임원은 이런 말을 한 적이 있다. "난 모욕은 절대 잊지 않아요. 기회를 노리다가 반드시 되돌려

주지요. 물론 아무도 모르게."

높은 지위에 있는 사람이 이런 식의 공격성을 보이면 투지에 불타는 적극적인 사람이라고 착각하기 쉽다. 하지만 이들의 행동에는 기본적인 도덕이 없으므로 매우 위험하다. 기업의 대표가 복수심에 불타 기업의 존립을 아랑곳하지 않고 돌진한 다면 그 기업의 직원들은 어떻게 되겠는가?

4. 열등감을 보상하기 위한 공격성

우리 주변에는 이런 유형의 사람이 매우 많다. 열등감을 상쇄하기 위해 실제보다 더 잘난 척하고, 더 있어 보이려고 애쓰는 유형이다. 하지만 내실이 없다 보니 약하고 겁이 많으며, 능력이 없어서 스스로 정한 목표를 달성할 수가 없다. 실패는 다시 마음에 좌절감을 주고, 그 열등감을 상쇄하기 위해 더 센 척, 더 잘난 척하는 악순환이 반복된다.

이런 유형의 공격성을 보이는 사람들은 자기를 적극적으로 홍보하고 포장하지만 안타깝게도 그 번지르르한 겉모습을 채워줄 내용물이 빈약하다. 그래서 예측할 수 없고 변덕이 죽 끓듯 하며 남이 잘되면 못마땅해하고 남이 잘못되면 기뻐한다.

이런 사람들은 또 신분 상승을 기대하며 명품을 쫓기도 한다. 비싼 명품 가방과 시계, 와인 등으로 자기의 정체성을 만들기 위해 애쓴다. 그러나 물질적인 보상은 실체가 없으며 계속해서 더 큰 만족을 요구하는 법이다. 하나의 욕망이 충족되면 열의 욕망이 더 생긴다. 욕망의 목마는 날로 회전속력을 더해가다가 결국 도저히 감당할 수 없는 지경으로 치닫는다.

직원들을 희생시켜 성공가도를 달리려는 경영자도 이런 유형에 속한다. "당신 같은 사람은 당장 해고되어도 마땅하지만……."과 같은 말을 입에 달고 살면서 직원들을 몰아붙인다. 심리학에서는 이런 유형의 리더들을 프로이드의 용어를 빌려 '항문기 성격 Aanal Personality'이라고 부른다. 이들은 강박적인 행동을 보이며 직장과 가정을 통제하려는 성향이 크다. 내가 취리히에서 만났던 화학기업의 한 경영자가 바로 이런 보상적 공격성의 대표적인 인물이다.

몇 백만 유로의 수주 건을 경쟁사에 뺏긴 그는 화가 났다. 물론 쓰라린 실패지만 사실 치명적일 정도의 손해는 아니었는데도 그는 화를 견딜 수 없었다. 그에게서 그 수주 건을 뺏어간 경쟁사의 담당자가 바로 학창시절의 친구이기 때문이다.

학창 시절부터 늘 1, 2등을 다투었기 때문에 두 사람은 친구이자 적이 되어 선의의 경쟁을 벌였고, 졸업 후에도 같은 업계의 경쟁사에 입사하여 비슷한 경력을 쌓았다. 이런 친구에게 수주 건을 넘겨주게 되었다니 분통이 터져 살 수가 없었다. 어떤 식으로든 보상이 필요했던 그는 근처 주택가를 돌면서 비싼 외제차 몇 대를 자신의 자동차 열쇠로 긁어버렸다. 그가 밝힌 이유는 황당했다. '바로 그 모델을 그 친구가 타고 다닌다'는 이유였다. 같은 모델의 차를 훼손하면서 자신의 실패를 보상받는 기분이 들었던 것이다. 그는 그의 행동을 창피해하거나 죄책감을 느끼지 않았다.

5. 자기 공격성

자기 공격성이란 공격적 에너지를 자기 자신에게 발산하는 유형이다. 갈등을 앞두고 그 상황이 싫어서 거꾸로 자신을 공격하는 것이다. 협력과 평화를 외치는 착한 사람들에게서 특히 이런 증상이 자주 나타나지만 사실 이들은 평화주의자라기보다는 갈등을 무서워하는 겁쟁이들이다.

성급하게 받아들인 절충안을 남들 앞에서는 협상이니 협의니 하는 고상한 말로 미화할 수 있을지 몰라도 자신의 몸과 마음은 절대로 속일 수 없다. 자신을 기만하려니 마음이 울적하고 기분이 오락가락하며 자신감이 떨어진다. 불안한 마음을 술로 달래기도 하며 심지어는 거식증 같은 식이장애증상을 앓기도 한다.

억누르거나 외면해서 분출되지 못한 공격성은 의욕을 떨어뜨리고 무기력증을 유발하며 몸을 아프게 하여 탈출구를 찾는다. 당사자는 물론이고 주변 사람들도 고통을 겪게 된다. 우리는 우리 안에 숨은 공격성으로부터 벗어날 수 없다.

특히 어릴 때부터 얌전해야 하고 어른들의 말을 잘 듣는 착한 어린이가 되어야 한다고 자주 들어온 사람들이 자기 공격적 성향을 띠기 쉽다. 우리 사회가 여자아이들에게 더 순종을 강요하는 경향이 있기에 남성보다는 여성의 피해가 큰 편이다. 말 잘 듣는 얌전한 아이로 자란 여성들은 팀을 먼저 생각하고 갈등을 회피하려는 성향이 있다. 직장 생활은 전략적 공생과 갈등이 일상인 곳으로, 이 환경에서의 자기 공격성은 투지를 약화시킨다.

어느 식품 기업의 인사 과장이 나에게 이런 하소연을 한 적이 있다. "우리 회사에는 최고 전문가가 많습니다. 그런데 부하직원이 열두 명만 되어도 그들은 벌써 어쩔 줄을 모릅니다. 평화롭게 팀 전원의 합의를 도출하려다 보니 일이 진척되지 않는 거지요. 미움을 살까 봐 전전긍긍하는 사람들은 경영 관리를 제대로 하지 못합니다. 아무도 그 사람의 말을 듣지 않아요."

그러므로 리더들은 자기 공격성의 성향이 강하거나 갈등을 두려워하는 직원들에게 경영 훈련을 통해 권위와 투지를 가르쳐야 한다. 다른 사람에게 자신의 뜻을 명확하게 표현하는 단호한 태도를 지니도록 이끌어줘야 한다.

앞서도 말했듯 여기서 설명한 공격성의 형태들은 당신의 경력과 직장 생활에 아무런 도움이 되지 않는다. 도덕적, 윤리적으로 지탄받아 마땅한 태도의 유형이다. 그러니 이런 공격적인 성향에는 가까워지지 말라. 자신의 가치관과 인생관을 항상 명심하고 이에 맞게 행동하라. 또한 공익을 잊어서는 안 된다.

이제 당신의 경력에 도움이 되고 사회에도 유익하며 당신의 건강에도 바람직한 공격성에 대해 알아보자. 바로 **단호한 태도를 기반으로 한 긍정적인 공격성**이다.

단호함의
심리학
—
4단계

매운 고추 전략으로
한 발 더 빠르게
대응하라

바람을 두려워하는 사람은
나아갈 수 없다

    자신의 공격성을 아무렇게나 활용했다가는 큰 손해를 볼 수 있다. 공격적 에너지를 쓰지 않아야 할 곳에 써서 경력에 악영향을 미치거나 직장에 손실을 줄 수도 있고, 자신의 마음에 상처를 남길 수도 있다.

    유명한 심리학자 프리츠 리만Fritz Riemann이 긍정적 공격성을 주장한 이유도 바로 그 때문이다. 자신의 공격성을 의식적으로 잘 활용하면 직장에서 경력을 쌓고 두려움을 극복하는 데도 큰 도움이 된다. 리만은 본인의 저서 『불안의 심리 Grundformen Der Angst』에서 건강하고 노련하게 활용한 공격성은 자존감과 자신감을 키워주는 중요한 요인이라고 말했다.

실제로 긍정적 공격성을 잘 활용하지 못하면 경쟁 사회에서 자리를 잡기가 매우 어렵다. 창밖으로 고개를 내밀고 있으려면 바람을 맞아야 하고, 그러자면 이를 악물고 견딜 수 있는 오기가 필요하다. **단호한 태도를 기반으로 한 공격성의 긍정적인 발현은 성공의 문을 여는 열쇠**다. 자신의 힘을 끌어내어 선한 목적을 이루는 것, 그보다 더 아름답고 건설적인 일이 있을까? 단호한 마음가짐은 **역풍을 뚫고 앞으로 나아갈 용기를 주는 인생의 원동력**이다.

직장에서 단호한 태도를 발휘해 본인의 목표를 이루고자 한다면 도덕관념과 사회의 기대 등 마음의 저항에 맞서야 한다. 처음에는 힘들겠지만 그 과정은 선한 목표를 위해 나아가는 것이므로 충분히 노력할 가치가 있다. **공익을 해치지 않고 자신의 의지를 전달하는 건설적이고 전략적인 공격성**은 조직이나 소중한 것들의 파괴가 아닌 유지에 기여한다. 당신이 소중히 여기고 지키고자 하는 것들을 유지하는 힘이 된다. 그 첫걸음은 합리적인 사고에 있다.

나와 기업 모두가 얻을 수 있는 것이 무엇인가? 목적이 수단을 정당화할 수는 없다. 과정이 타당해야 하며 공익에도 도움이 되어야 한다. 독일의 어느 의류업체 대표는 말했다. "나는 일자리 창출을 중요하게 생각한다. 주주 가치론은 비인간적이다. 아무리 주가가 치솟더라도 매몰차게 사람들을 거리로 내모는 사람을 어떻게 성공한 경영인이라고 칭송할 수 있겠는가?"

『거절의 기술Ein klares Nein muss manchmal sein』의 저자인 헤드비히 켈너Hedwig Kellner는 도덕적 원칙이야말로 긍정적 공격성과 악의를 가르는 중요한 차이라고 말한다. 그가 인지심리학의 입장에서 설명한 긍정적 공격성의 특징은 다음과 같다.

- 긍정적 공격성은 철저히 자신의 이익을 추구하지만 절대 제3자에게 피해를 주지 않는다.
- 자기보다 수준이 낮은 상대라도 모욕하지 않고 존중한다.
- 힘들 때 도와준 은인은 절대 잊지 않는다.
- 신중하고 공정하며 다른 사람에게 공감할 줄 안다.
- 모욕과 굴욕에 맞선다.
- 기업과 동료를 위해서라면 언제라도 용기를 낸다.

긍정적 공격성을 성공으로 연결하는 사람들의 성격과 특징

공격성을 애써 억누르기보다는 자신과 기업의 이익을 위해 긍정적인 방향으로 투자하는 사람이 성공한다. 공격성은 적절히 활용하면 큰 힘을 발휘할 수 있다. 한계를 넘어서 더 나은 삶으로 나아갈 수 있는 용기와 에너지를 준다.

다른 사람의 부탁에 단호히 거절하고 의견을 관철하는 자세는 긍정적 공격성을 의식적으로, 건설적으로 활용할 수 있도록 도와준다. 이를 위해 마음가짐을 다잡고 꾸준히 노력하면 경쟁 사회에서 훨씬 더 당당하고 능수능란하게 자신의 이익을 쟁취할 수 있다. 더불어 권력 게임과 전략 작전의 재미도 느낄 수 있으며, 당신의 앞길을 막는 경쟁자를 멀리 보내버리거나 아예 무너뜨릴 수도 있다.

단호한 태도를 기반으로 긍정적인 공격성을 표출하는 매운 고추 전략은 직장에서 성공의 길을 열어준다. 이 전략으로 다른 사람이 뜨거운 맛을 한번 맛본다면 바로 놀라 꽁무니를 뺄 것이다. 다만 긍정적 공격성을 성공적으로 발휘하기 위해서는 **꼼꼼한 전략과 예민한 감각, 적극적인 인맥 관리, 성실한 경쟁자 분석이 전제되어야** 한다. 이 전략의 기본 태도는 낙관적이고 분석적이며, '신뢰도 좋지만 통제는 더 좋다'는 원칙을 철저히 지킨다. 또 투지가 넘치며 자신의 위상을 점검하기 위해 늘 질문을 던진다.

- 혹시라도 문제가 발생할 부분은 없을까?
- 내게 해로운 것이 무엇인지 누구에게 문의할 수 있을까?
- 나와 기업을 위태롭게 하는 것은 어떤 상황의 변화일까?

매운 고추 전략을 통해 긍정적 공격성을 활용하는 사람들은 모든 일에 신중하기에 얼핏 보면 사람을 쉽게 믿지 않는 것 같지만, 알고 보면 이들은 언제 누구를 믿어야 하고 누구를 내 편으로 만들어야 하는지 너무나 잘 안다.

긍정적 공격성의 목표는 경제적·학문적·문화적·사회적 분야에서의 성공이다. 일단 성공을 쟁취하면 성취감과 만족감을 얻게 되고 그것이 다시 새로운 목표를 이루게 하는 원동력이 된다. 그렇지만 절대로 이기적인 승자독식을 외치지 않는다. 매운 고추 전략가들은 무언가를 성취하기 위해 노력하는 사람이지 무언가를 망가뜨리려 노력하는 사람이 아니기 때문이다. 이들은 항상 **자신의 이익과 함께 공익을 생각**하고 모두에게 득이 되는 상황을 만들기 위해 노력한다.

매운 고추 전략가들은 꾸준히 노력하는 사람들이다. 때로는 가정을 희생하면서까지 기업을 위해, 자신이 맡은 업무를 위해 최선을 다한다. 또한 직장에서 성공하려는 야망을 가지고 있지만 기업의 입장을 존중하기에 기업 철학의 주류에서 벗어나는 극단적인 입장은 삼간다.

매운 고추 전략가들은 실리적인 면모가 있어서 유용하다고 판단되는 사람과는 빠르고 신속하게 관계를 맺고, 쓸모가 없어진 인맥은 과감하게 정리한다. 나쁜 의도로 그러는 것이 아니라 인맥을 유지할 시간과 관심이 없기 때문이다. 업무상 진행해야 하는 프로젝트를 계획할 때도 실패할 위험이 높은 업무에서는 신속하게 발을 뺀다.

이들은 업무를 신속하게 처리하며 자기관리를 중시한다. 맡은 일에 책임감이 강해서 경력을 쌓는 데 최선을 다해 임하며 자신이 이룬 성과를 적극적으로 알린다. 근면하고 성실하면 성공할 수 있다고 믿기에 실패에 무너지지 않고 꾸준히 앞으로 나아간다.

삶에 대한 만족도가 높으며 가끔 자신의 뜻대로 되지 않을 때도 좌절하지 않는다. 항상 경쟁자를 예의주시하고 그들의 성공에 자극받는다. 상황에 유연하고 관료적이지 않아서 직장 내 모든 사람에게 항상 친절하고 예의를 지킨다.

단호한 태도를 갖추는
8가지 전략

상대를 배려하는 차분한 설득부터 욱하여 내지르는 분노에 이르기까지, 긍정적 공격성에 필요한 전략적 소통의 방법은 정말 다양하다. 격이 없이 친근한 대화부터 분노하며 큰소리 하는 상황까지, **당근과 채찍을 유연하게 사용할 줄 알아야** 주변으로부터 인정받을 수 있다.

아무렇게나 대해도 늘 웃는 사람은 존중받지 못한다. 화내야 할 때 화낼 줄 아는 사람이 존중받는다. "저 사람은 조심해야

해." 그런 인상을 남겨야 한다.

매운 고추 전략의 바탕은 건강한 투지다. 그러자면 3가지 성공 요인이 필요하다.

- 적을 혼란에 빠뜨릴 **신속성**
- 풀리지 않는 문제를 끝까지 물고 늘어지는 **끈기**
- 마주한 문제와 향후 발생할지 모를 문제를 솔직하게 지적하는 **용기**

매운 고추 전략의 8가지 기본규칙을 마음에 새기면 투지를 키우며 더 맵고 화끈한 일상을 만들 수 있다.

1. 뚜렷한 목표를 정하라

즐거운 마음으로 긍정적 공격성을 발휘하고자 한다면 먼저 자신의 선한 목표를 믿어야 한다. 분명한 믿음이 있으면 단호하게 주장할 이유가 생긴다. 돈, 건강, 가족의 행복, 승진 등 다양한 목표가 있을 수 있다. 당신의 목표는 무엇인가? 목표를 정해야 경쟁에서 이기는 힘이 생긴다. 쟁취하고 싶은 목표가 떠오르지 않는다면 긴장을 풀고 잠시 고민해보자. 남는 에너

지를 자녀 교육이나 취미 생활, 봉사활동 등에 투자하는 것도
바람직하다.

2. 불가능한 일에 함부로 뛰어들지 말라

싸움을 시작하기 전 승률을 따져봤을 때 승률이 50퍼센트에
가까우면 싸울 가치가 있다. 승률이 압도적으로 높을 때는 힘
을 훨씬 덜 들이고도 달콤한 승리를 맛볼 수 있다. 반면에 승률
이 50퍼센트에 훨씬 못 미친다면 손을 떼는 것이 좋다.

이탈리아의 역사학자이자 정치이론가인 니콜로 마키아벨리
Niccolò Machiavelli는 『군주론 Il Principe』에서 '상대를 이길 수 없다면
친구로 만들라'고 권유했다. 어찌 보면 납득이 안 가는 작전 같
지만 이 말에는 엄청난 진리가 숨어 있다. 경쟁자와 동료 사이
가 되면 그의 강한 힘은 곧 나의 힘이 될 수 있기 때문이다.

3. 답이 정해져 있다는 듯 자신 있게 말하라

다른 사람이 다가와 물어보기를 기다리지 말고 먼저 말하라.
조용히 기다리기만 하면 무시당할 수 있다. 특히 당신이 뛰어
난 지성과 유창한 언변을 지닌 사람이라면 경쟁자들이 당신의
입을 틀어막으려 할 것이다. 당신의 입에서 나올 명석한 아이

디어가 자신들의 입지를 약화시킬 수 있기 때문이다. 그럴수록 더욱 용기를 내어 먼저 의견을 제시하라. 동료나 상사가 방해하더라도 자신감을 지니고 당당하게 대응하라.

4. 불평꾼, 실패자, 겁쟁이를 멀리하라

불평꾼이나 실패자, 겁쟁이의 곁에 있다 보면 그들의 부정적인 특성에 오염되기 쉽다. 그들의 고민을 아무리 열심히 들어주고 위로해주더라도 그들은 불행하고 무기력한 기존의 생각에서 벗어나지 못한다. 오히려 당신이 불평꾼들 근처에 있다보면 그들과 같이 부정적인 사고를 지닌 사람이라는 인상을줄 수 있으니 주의해야 한다.

5. 불리한 상황에도 겁먹지 않는 패기를 지녀라

단호한 태도로 당신의 뜻을 관철하다 보면 의견을 가로막는역풍을 자주 만나게 된다. 때로는 그 역풍이 태풍 수준으로 격할 수도 있다. 더구나 역풍은 당신의 약한 부분을 노릴 것이므로 상당히 아플지도 모른다. 그래도 흔들리지 않고 앞으로 나아가야 한다. 아픔 역시 권력 게임의 일부이며, 이런 역풍을 통해 앞으로 누구를 믿지 말아야 할지 확실히 알 수 있다. 당신에게 역풍을 날린 사람은 앞으로도 당신에게 충성하지 않을 테니 말이다.

격심한 역풍에도 여유 있게 대응할 수 있는 패기를 지녀라. 상대에게 웃으며 이렇게 응수하는 것이다. "제법 센걸. 하지만 그 정도로는 내 상대가 되지 못해. 다음번엔 더 노력해서 한 방 먹여줘. 기다릴게." 이런 말을 들은 상대는 조금도 흔들리지 않은 당신의 당당함에 주눅이 들고 말 것이다.

6. 당황하지 않고 대답할 수 있는 언어 순발력을 키워라

언어공격은 예상하지 못한 순간에 날아온다. 상대는 당신을 기습하여 승리하려 한다. 따라서 당신은 일단 순발력 있는 응수로 시간과 여유를 얻어낸 다음 대응 전략을 모색해야 한다. 내가 이때 자주 사용하는 응답은 이것이다. "말씀하신 내용이 정말 흥미롭습니다. 제가 한번 고민해보고……." 이렇게 답한다면 대부분의 상대는 당신의 빠른 판단에 깜짝 놀랄 것이다. 당신이 벌써 자신의 말을 다 이해하여 진심으로 고민한다고 생각하고 공격을 멈출 것이다.

7. 나쁜 소문에는 즉각 대처하라

당신에 관한 모함이나 헛소문을 듣게 되면 바로 대처해야 한다. 당신의 소문이 당신 귀에 들어왔다는 말은 이미 부서의 전 직원이 알고 있다는 소리다. 따라서 즉각 대응에 나서야 한다. 소문은 당신의 입지를 약화시키고 또 오랜 시간 영향을 미친다. 소문을 알고도 무시하다가는 그 소문이 점점 더 안 좋은 쪽으로 퍼져 수습하기 어려워질 수도 있다. 그러니 너무 황당해서 누가 믿을까 싶은 소문도 만만히 봐서는 안 되며, 이에 대한 대처는 빠를수록 좋다.

8. 정기적으로 경쟁자의 상태를 파악하라

주기적으로 주변을 둘러보며 누가 당신을 적대시하는지 살펴봐라. 앞에서는 웃고 있지만 뒤에서 사사건건 당신의 행보를 걸고넘어지는 사람이 누구인가? 그런 사람과는 최대한 거리를 두어야 한다. 그런 사람은 다른 사람들 앞에서 칭찬하거나 추켜세워서도 안 되며, 당신이 대신 일을 덜어주어서도 안 된다. 그의 편을 들어주고 그의 일을 덜어주었다가 나중에 그가 승승장구해서 당신의 앞길을 가로막을 수도 있다.

지금까지 살펴본 8가지 매운 고추 전략은 당신을 투지의 세계로 인도할 것이다. 이를 성공적으로 이루기 위해서는 먼저 적을 제대로 파악할 필요가 있다. 동지애와 명석한 두뇌를 지녀 당신과 함께 건설적인 성과를 낼 수 있는 사람과는 권력 게임을 할 이유가 없기 때문이다. 이들에게는 80퍼센트의 친절함만 내주어도 무방하다. 20퍼센트의 단호한 태도는 적을 위해 아껴두어야 한다.

망설이고 선택하지 못하는 것은
잘못된 선택보다 더 안 좋은 경우가 많다.

- 헨리 포드 Henry Ford

단호함의
심리학
─
5단계

기울어진
운동장일수록
공격적으로 나아가라

성공한 경영인의 태도를 학습하라

　당신이 20퍼센트의 단호한 태도를 보여줘야 할 사람은 누구일까? 상대의 사고방식을 알면 그들의 행동도 쉽게 예측할 수 있고, 이를 활용하여 신뢰를 얻어낼 수 있다. 또한 상대가 예측할 수 없는 효과적인 대응 전략을 발휘할 수도 있다. 따라서 권력 지향적이고 성공을 추구하는 사람들의 특징을 알고 있어야 한다. 권력 지향적인 사람의 사고방식을 이해하면 권력 게임의 정글에서도 길을 잃지 않을 것이다.

　경쟁을 즐기는 성공한 경영인은 어떤 모습일까? 성공에 이르기 위해 어느 정도의 공격성을 투자했을까? 나는 오백여 명이 넘는 독일, 스위스, 오스트리아의 기업 임원들과 네덜란드, 벨기에, 프랑스의 경영인들에게서 그 답변을 들을 수 있었다. 지위는 달랐지만 모두 성공에 필요한 강인함과 '어쩔 수 없는 이면'을 솔직하게 보여주었다.

경영인은 결코 더 나은 세상을 만들기 위해 움직이지 않는다. 그들의 목표는 권력과 성공, 영향력이다. 일찍부터 정상에 오르고자 하는 야망을 키우며, 동시에 그 야망의 결과를 누구보다도 잘 안다. 기업을 이끄는 자는 마뜩잖은 결정도 내려야 한다. 다른 사람의 고통에 눈을 감아야 하는 일도 많다.

철학자 프리드리히 니체Friedrich Nietzsche도 **연민은 세상의 고통을 더하기만 할 뿐**이라고 말했다. 따라서 경영자가 자신의 결정이 몰고 올 고통과 피해를 고민하거나 개개인의 운명에 연연하다 보면 앞으로 나아갈 수 없다.

깨끗하고 아름다운 경영은 불가능하다. 기업을 경영하려면 손을 더럽히고 직원을 해고하며 경쟁사를 침몰시켜야 한다. 어느 정도의 공격성이 필요하다는 뜻이다.

경영자들은 스스로를 전능하다고 생각한다. 어떤 상황에서도 유연하게 대처할 수 있고 어떤 분야에서든지 반드시 기업을 성공적으로 이끌 수 있다고 확신한다. 무엇보다 오직 자신만이 그 일을 해낼 수 있다고 믿는다. 만약 일이 잘못되더라도 자신이 아니었다면 상황이 더 나빠졌을 것이라고 생각한다.

하지만 유연성에는 이면이 있다. 유연하려면 통제와 권력을 유지하면서도 쉬지 않고 사고를 바꾸고 조직을 개편해야 한다. 법, 기술, 기업 구조 등 모든 게 빠르게 변하는 요즘 세상에서는 그것이 말처럼 쉬운 일이 아니다.

이런 것을 두고 '우연의 관리' 또는 '불확정성'이라고 한다. 불확정성 이론은 과거를 그리워하거나 한탄하지 말고, 불확실한 세상에 신속하고 당당하게 맞서야 함을 주장한다. 따라서 성공한 기업인은 장기적인 계획도 중요하지만 단기적인 계획 변경도 필요하다는 점을 인지하고 있다.

부조리한 세상에서
자기 연민은 시간 낭비다

　성공의 꿈과 실패의 두려움이 낳는 괴리를 심리학에서는 '인지 부조화Cognitive Dissonance'라고 부른다. 이런 괴리가 마음을 갉아먹으면 수면장애, 위염, 식이장애 등으로 건강을 해칠 수도 있다. 그러나 성공한 기업인이라면 남 앞에서 약한 모습을 보여서는 안 된다. 경영자의 두려움과 허약함은 지속성과 강인함을 중시하는 업계에서 독이 될 수 있기 때문이다.

　"높이 오를수록 깊이 떨어진다." 성공한 경영인의 마음에는 이런 글귀가 새겨져 있다. 그들의 두려움은 경영자의 자리를 잃는 것으로 그치지 않는다. 자리를 잃으면 정체성도 사라진다. 성공한 경영인에게서 성공이 사라지면 과연 무엇이 남겠는가?

영업사원에서 시작해 독일의 유명 자동차 회사인 폴크스바겐의 사장 자리에 오른 다니엘 괴드베르Daniel Goeudevert는 경영자들이 역할과 권력을 잃을까 봐 두려워하는 이유를 '거기에 존재 전체가 걸려 있기 때문'이라고 설명했다. 이런 두려움 탓에 이들은 평생 긴장의 끈을 놓지 못한 채 쉬지 않고 새로운 성과를 내기 위해 매진한다. 현재의 안락한 생활을 잃을지도 모른다는 공포가 저변에 깔려 있기 때문이다.

살아남기 위해, 성공의 자리를 유지하기 위해 많은 경영인이 공격성을 무기로 삼는다. 직원을 해고해야 하는 아픔은 목표를 위해 감수해야 하는 부작용쯤으로 여긴다. 여기에 이들의 숨은 성격도 한몫을 보탠다. 꼭대기에 서 있을 수 있다면 위계질서란 멋진 것이다. 정상에서는 바람직하지 못한 성격도 마음껏 발휘할 수 있다.

성공한 경영인들은 공격성과 권력 게임을 즐기고 은밀한 전략과 교묘한 술수에 기쁨을 느낀다. 그것이 부담을 덜어주고 긴장을 완화하기 때문이다. "인간 체스는 영혼을 달래는 진통제다." 어느 기업의 대표가 공격성 세미나가 끝난 뒤에 한 말이다. 이들은 정확한 방법과 목표를 갖춘 자제력 있는 전략가들이다.

냉혹하게 들릴지 몰라도 이 가혹한 세상에서 살아남으려면 이런 전략이 꼭 필요하다. **오랫동안 정상을 지키려면 조직적인 권력 게임과 교묘한 전략을 즐길 줄 알아야** 한다. 그래야 적을 물리치고 비전을 제시할 줄 아는 멋진 경영인이라는 인상을 남길 수 있다. 위기를 극복하고 기업을 떠받칠 수 있는 튼튼한 버팀목이라는 환상을 심어줄 수 있다.

경영인에게 필요한 팀 정신과 협동심, 친화력은 80퍼센트만 있어도 충분하다. 나머지 20퍼센트는 스트레스를 이기고 갈등을 두려워하지 않는 강철 같은 투지와 추진력이 있어야 한다. 따라서 성공한 경영인은 권력을 긍정하고 적극적으로 활용한다. 목표를 이루기 위해서라면 '나쁜' 전략이라고 해도 절대 머뭇거리거나 마다하지 않는다.

자기밖에 모르는 남성 권력자들

(최근에는 시대가 많이 변했다고는 하지만 여전히) 기업의 80퍼센트 이상을 차지하는 남성 경영인과 임원은 사람을 잘 다룰 줄 아는 전문가들이다. 자신의 영향력을 키우기 위해서라면 상대에게 겁을 주고 열등감을 불러일으키는 일도 마다하지 않는다. 또한 위기 상황에 대비하여 인맥을 형성하고 편을 만든다.

그들의 야망은 주로 권력을 향한 의지에서 비롯된다. 그들은 권력을 통해 자신이 중요한 인물이라는 느낌, 꼭 필요한 사람이라는 기분을 느낀다. 성공한 경영인은 권력을 휘둘러도 미움은커녕 존경과 사랑을 받는다.

현대의 남성 경영인들은 자신감이 넘친다. 자신이 지닌 권력에 대한 믿음이 크기에 불가능한 일은 없다고 생각하며 도덕적 원칙을 무시하기도 한다.

당신은 어떠한가? 당신도 이러한 권력 지향적인 성공인의 특징을 지니고 있는가? 이 세상에는 타고난 공격성을 제대로 발휘하지 못하여 성공에 대한 의욕이 약하고 자기공격적인 남성이 의외로 너무나 많다.

어느 컨설팅 회사의 설문에 따르면, 여성 직원들은 권위적인 남성 동료나 상사보다 약해빠진 남성 동료나 상사가 더 대하기 힘들다고 한다. 하지만 당신이 소극적인 남성의 부류라고 해도 고민할 필요는 없다. 굳이 위에서 설명한 성공인의 특징을 지니고자 억지로 자신을 혹사시킬 필요도 없다. 소극적인 남성이 성공적인 경영인으로 거듭날 수 있는 방법을 정리하면 다음과 같다.

1. 인맥을 쌓고 관리하면서 소문을 내라

뜻이 맞는 동료들과의 튼튼한 관계는 외부로부터 당신을 지켜주고, 당신의 약점마저 감싸준다. 권력자들도 인맥은 잘 건드리지 않는다. 한 번 잘못 건드렸다가는 적이 우르르 생기기 때문이다.

2. 권력자에게 신뢰를 주어라

권력자는 당신에 대한 신뢰가 쌓인다면 당신을 보호해줄 것이다. "저 사람은 위험하지 않아." 그렇게 안도하며 당신을 괴롭히지 않을 것이다.

3. 충성심을 보여라

아무리 거친 권력자도 약자는 봐준다. 권력자의 의견을 지지하고 존중하여 당신의 존재를 인정받아라. 충성은 평화로운 직장 생활을 보장한다.

4. 피드백과 비판을 삼가라

잘못을 지적하고 솔직하게 피드백을 해야 직장 생활을 잘한다는 생각은 틀렸다. 비판과 지적질은 권력자를 자극할 뿐이다.

유리 천장에 맞서는 쎈언니의 자세

과거에는 기업에서 여자가 감히 정상 자리를 쳐다보지도 못했다. 충분한 능력을 갖춘 여성들의 고위직 승진을 막는 '보이지 않는 장벽'이 있었기 때문이다. 여전히 그런 착각에 빠진 남성들이 적지 않다. 그래서 야망 있는 여성은 여전히 옛 사고방식이 만들어놓은 '유리 천장'을 벗어나기 위해 노력해야 한다.

이제 남성들은 긴장해야 한다. 자기보다 능력 있는 여성이 언제라도 치고 올라올 수 있기 때문이다. 예전에는 능력이 보통이어도 남자라면 출세할 수 있었다. 애당초 경쟁자의 숫자가 적었고, 경쟁에서 진다고 해도 같은 성별에게 지는 것이니 자존심이 덜 상했다. 그러나 잘난 여자들이 경쟁의 대열에 뛰어든 요즘에는 그 자존심마저 무너졌다. 일자리 다툼에 성별 대결까지 곁들여졌다.

여성의 경계 대상은 잘난 남성 경영인이 아니라 별 볼 일 없는 평범한 남성들이다. 높은 자리의 남자들은 그만큼 뛰어난 자질을 갖추었으므로 경쟁에서 져도 수긍할 수 있다. 하지만 도대체 어떻게 여기까지 올라왔는지조차 궁금한 그저 그런 남자들이 남자라는 이유만으로 잘난 척을 해댄다.

이런 남성들이 사용하는 뒤떨어진 전략이 바로 성차별 발언이다. 미개하고 무식한 남성성의 표현으로, 성공한 여성들은 그런 저급한 수준의 공격을 증오하기 때문에 성차별적인 언행을 보고도 그냥 무시하고 못 본 척한다. 하지만 바로 그런 태도 때문에 여성들이 남성에게 자기 영역을 빼앗기고 만다. **여성들이여, 성차별적인 행동이나 발언을 만나거든 절대 피하지 말고 싸움에 응하라.**

싸움에 이기려면 먼저 그 남성들의 정확한 위치를 파악해야 한다. 기업에서 그들이 서 있는 위치가 어디이며, 어디서 그들과 자주 부딪히는가? 위치를 파악한 뒤에는 기품 있고 정중하게, 또 이런저런 뜻밖의 칭찬으로 그들을 안심시켜라. 남자들은 대부분 칭찬에 약해서 칭찬을 받고 나면 자발적으로 당신에게 도움을 청하거나 도움을 줄 것이고, 무슨 말이든 쉽게 속을 것이다.

성공한 여성 경영인에 대한 핑크빛 환상부터 버려라

지난 몇 년 동안 성공한 여성의 인성적 특징이 급변했다. 함부르크의 경제학 교수 소냐 비쇼프Sonja Bischoff가 이런 변화를 기록했다. 그녀의 연구 결과를 보면 1990년만 해도 여성의 대다수는 권력을 '나쁜 말'이라고 생각했다. 하지만 지금은 완전히 달라졌다. 여성들도 권력을 단순히 경제적 개념으로 이해한다.

어느 기업의 여성 경영인은 이렇게 말했다. "상어의 미소가 아니라면, 다정한 미소로는 절대 존경받을 수 없다." 어느 백화점 여사장은 또 이렇게 말했다. "우리 직원들은 무조건 나의 노선을 따릅니다. 그럴 때면 마음이 흡족하지요. 그 이상 더 바랄 게 있을까요?" 스위스의 여성 경영 전문가도 비슷한 말을 했다. "피를 보고 싶으면 그러라고 하세요. 단, 내 피는 아닐 겁니다."

쓴소리하고 싶지만
상처 주고 싶지는 않다?!

우리는 흔히 여성 경영인이 상황에 대한 분석이나 다른 사람과 소통하는 능력이 뛰어나다는 칭찬을 하곤 한다. 듣기는 좋은 말일지 몰라도 사실은 크게 도움이 되지 않는 능력이다. 대부분 여성 경영인은 타고난 외교적 능력을 제대로 활용하지 못하기 때문이다. 냉혹한 전략의 필요성을 절감하면서도 정서적으로 그런 전략을 선호하지 않기 때문에 그 사이에서 고민하다가 기회를 놓치고 만다. 화끈하게 밀고 나아가야 할 순간에 도덕적 원칙을 떠올리며 망설이다가 그만 때를 놓치고 마는 것이다. 성공을 추구하는 여성들이 작별을 고해야 할 3가지 딜레마를 살펴보자.

1. "내 뜻대로 밀고 나가고 싶지만
아무도 짓밟거나 상처 주고 싶지는 않아."

그게 어떻게 가능한가? 어떻게 내 뜻대로 하면서 남의 뜻도 충분히 배려할 수 있는가? 듣기에는 감미롭지만 한마디로 자기기만이다. 내 뜻을 관철하려면 남의 뜻을 무너뜨려야 한다. 당연히 당신의 의견이 선택되면 상대는 상처받을 수도 있다. 하지만 그것이 당신의 책임이라고 착각하지 말라. 당신은 그에게 상처를 주기 위해 노력한 것이 아니다. 패자의 상처는 그저 당신의 성공이 낳은 부작용일 뿐이다.

2. "비판은 하고 싶지만
상대의 기분을 상하게 하고 싶지는 않아."

비판이란 본래 상대의 약점을 찌르는 행위다. 본래 의도는 아니었어도 비판은 늘 상처를 주고 기분을 상하게 한다. 내가 한 일을 트집하고 지적하는데 기분 좋을 사람이 있을까? 당신의 비판이 아무리 정당해도, 또 당신이 아무리 표현을 고르고 골라서 순한 단어를 쓴다고 해도 상대는 기분이 나쁘고 화날 것이다. 그렇다고 정당한 비판을 포기할 것인가? 정당한 비판은 당연히 이루어져야 한다. 다만 상대가 절대 기분이 좋을 수 없다는 사실을 명심하면 된다. 혹시 비판에 몰입한 나머지 말이 너무 생각 없이 막 나갔다면 이튿날 사과하면 된다.

3. "상대를 설득하고 싶지만 속임수는 싫어."

상대가 끝까지 설득당하지 않으면 어떻게 할 것인가? 두 손 들고 포기할 것인가? 이럴 때 바로 전략과 작전이 필요하다. 중요한 회의를 앞두었다면 4명의 동지를 미리 포섭하라. 당신이 발표를 마치자마자 그들이 당장 나서서 당신의 아이디어를 극찬할 것이다. 그러면 당신의 의견을 비판하려던 사람도 주춤하게 된다. 여기서 반대 의견을 내놓았다가는 당신을 포함해 5명을 맞서 싸워야 할 테니 말이다. 이게 속임수인가? 그렇지 않다. 나무랄 데 없는 준비와 연출이다. 성공한 경영인은 절대로 중요한 회의에 아무런 준비도 없이 그냥 들어가지 않는다. 직장에서는 그런 천진한 태도를 보여서는 안 된다.

높은 도덕성의 잣대를 뛰어넘어라

　지금과 같은 경쟁 사회에서는 여성이 짊어져야 할 역사의 무게가 특히 더 크다. 서구 문명의 역사는 인간의 공격성을 길들이고 문명화한 과정이었다. 그리고 그 노력은 여성들에게서 더 큰 성공을 거두었다.

　여성은 어려서부터 남을 돕고 희생하며 얌전하고 겸손하고 어디가나 사랑받는 '착한 여성'이 되라고 배웠다. 그런데 이제 와서 성공을 하려니 이 '얌전한 여성 품성'이 영 도움이 되지 않는다. 그렇게 도덕과 공격성을 오가며 방황하는 사이 여성은 쉬지 않고 자기반성에 시달리게 되고, 그 결과는 '신데렐라 콤플렉스'로 나타난다. 이 얼마나 비생산적인 결과물인가.

신데렐라 콤플렉스는 수백 년 동안 학습되어 온 두려움이다. 여성이 혼자서 험한 세상으로 나서지 못하게 방해하는 독립을 향한 두려움이다. 남성 중심의 사회가 창조적인 여성의 힘을 억누르기 위해 부린 원시적인 술책이다. 그 술책에 넘어간 여성은 자기만의 감옥에 갇힌다. 그곳에서 권력에 길든 남성의 세상과 싸울 뿐 아니라 자기 마음의 적과도 싸워야 한다. 남을 배려하며 예의 바르게 행동하라고 요구하는 마음의 적, 거친 비즈니스 세계를 헤쳐나가지 못할 것이라고 속삭이는 마음의 적과 싸워야 한다.

감성과 협동심으로 정상에 오를 수 있다고 생각하지 말라. 현실은 경쟁 사회라는 점을 명심하라. **착한 여성의 품성만으로는 성공의 근처도 못 가보고 밀려난다.** 독일의 어느 여성 정치인은 여성교육 박람회에서 이렇게 말했다. "제가 보기에 여성은 아직도 권력의 중심에 서 있지 못한 것 같습니다. 경쟁 사회의 주류에 들지 못한 채 여전히 권력 뒤편에 머물러 있습니다."

착한 여자는 화장실로 가고,
공격적인 여자는 사장실로 간다

성공한 남성들은 악의 매력을 갈고닦는다. 하지만 성공한 여성들은 여전히 공정과 예의를 따진다. 권력을 즐기기는커녕 자꾸만 제 발을 건다. 솟구치는 공격성을 비도덕적이라고 자책한다. 정말 큰 잘못이다.

여성은 직장의 꽃도 아니고 분위기 메이커도 아니다. 직장을 따뜻하고 부드러운 곳으로 만드는 윤활유도 아니고 남자들 뒤치다꺼리나 하는 파출부도 아니다. **친절은 여성의 몫이라는 분**

위기에는 단호하게 대응하고 의사를 분명히 밝혀야 한다. 99퍼센트의 남성이 정신이 번쩍 들게끔 화끈하게 공격해야 한다.

여성이라고 해서 이해심과 희생정신을 타고 나는 것은 아니다. 여성 경영인에게만 희생과 이해를 요구하는 것은 부당한 처사다. 남녀를 불문하고 전문지식, 어학 능력, 인맥 관리, 자신감 넘치는 외모 등 성공의 필수요건은 동일하다.

경쟁 사회에서 성공하기 위해서는 권력의 구조를 알아야 한다. 여성에게도 남성과 똑같은 공격성이 잠재되어 있다. 공격성을 외면하거나 무시하고 억압하면 자신이 다친다. 몸이 병들고 마음이 아프다. 물론 공격성을 나오는 대로 다 방출하다가는 감옥에서 인생을 마감하게 된다. 하지만 공격성을 억누르고 외면하는 것도 그 못지않게 어리석은 행동이다. 둘의 조화가 필요하다. 범죄자가 되지 않으면서도 제물이 되지 않는 균형이 필요하다.

단호함의
심리학

-

6단계

나는
얼마나
단호한 사람일까?

단호함 테스트로 내 성격 파악하기

지피지기면 백전백승이다. 당신의 강점과 약점은 무엇인가? 당신이 얼마나 단호하고 공격적인 사람인지 《매운 고추 테스트》로 확인해보자. 테스트한 다음 점수에 따라 유형별로 분석하며 당신의 현재 상태와 앞으로 필요한 노력을 파악해보자.

《매운 고추 테스트》
당신은 얼마나 단호한 사람인가?

미국에서 개발한 스코빌 지수Scoville scale는 고추의 매운맛을 측정하는 단위다. 달콤한 파프리카 수준인 0에서부터 순수 캡사이신의 강도인 14,000,000에 이르기까지, 매운맛의 범위는 정말 넓다. 아래의 테스트는 당신의 매운맛과 매운 고추 전략을 실행에 옮길 각오를 '눈물 나게 매운맛'에서부터 '전혀 맵지 않은 맛'에 이르기까지 여러 단계로 나누어 측정할 것이다. 아래의 글을 읽고 '예'와 '아니오' 중 자신이 해당하는 쪽에 표시하라.

번호	내용	예	아니오
1.	나는 비판하거나 비판받는 일을 두려워하지 않는다.		
2.	나는 쓸데없이 고민하지 않고 냉철하게 판단한다.		
3.	나는 겸손과 순종을 중시하지 않는다.		
4.	나는 남에게 불평하거나 하소연하지 않는다.		
5.	나는 내가 맡은 일은 철저하게 해내기 때문에 내 잘못으로 문제가 생기는 경우는 없다.		
6.	나는 내가 이길 가능성이 큰 상황에만 참여한다.		
7.	나는 직장에서 불평꾼이나 실패자들은 나에게 피해만 줄 뿐이기에 그들을 멀리한다.		
8.	나는 나에 관한 나쁜 소문을 들었을 때 바로 대응 전략을 모색한다.		
9.	나는 비판이 필요하다면 상처를 주더라도 상대의 잘못을 지적한다.		
10.	나는 다른 사람들이 나를 무서워하더라도 늘 자신 있고 당당하고 싶다.		

번호	내용	예	아니오
11.	나는 남들보다 뛰어나고 싶다.		
12.	나는 동료와 허물없는 친구보다는 서로 친절하지만 거리를 두는 사이로 남고 싶다.		
13.	나는 동료의 약점을 알고 위급할 때 그들을 이용하고 싶다.		
14.	나는 다른 사람들이 방해한다고 해도 나의 의견을 반드시 관철하고 싶다.		
15.	나는 내가 능력 있는 사람임을 은근히 내보인다.		
16.	나는 자신의 말과 행동은 본인이 책임져야 한다고 생각한다.		
17.	나는 나의 가능성과 자원을 최대로 활용하려고 노력한다.		
18.	나는 일곱 번 넘어져도 여덟 번 일어설 수 있다면 그것이 성공이라고 생각한다.		
19.	나는 업무를 처리할 때 속도를 중시한다.		
20.	나는 성실하게 노력하면 더 행복하게 살 수 있다고 생각한다.		
21.	나는 모든 일에 긍정적이고 미래 지향적이다.		
22.	나는 용기 있고 의지가 강하다.		
23.	나는 실천력이 뛰어나다.		
24.	나는 다른 사람이 다가와 물어보지 않아도 먼저 나서서 내 의견을 말한다.		
25.	나는 직장에서 사랑받기보다는 존경받고 싶다.		
26.	나는 파렴치한 행동을 보면 단호히 선을 긋는다.		

번호	내용	예	아니오
27.	나는 경쟁에서 내게 진 상대를 모욕하지 않는다.		
28.	나는 힘들 때 도와준 사람을 절대 잊지 않는다.		
29.	나는 누가 어디서 나를 위협할지 수시로 점검한다.		
30.	나는 직장에서 오늘의 동료가 내일의 적이 될 수 있다고 생각한다.		
31.	나는 사람을 쉽게 믿지 않는다.		
32.	나는 공감에서부터 의도적인 분노 표현에 이르기까지 다양한 소통 방식을 구사한다.		
33.	나는 언어 능력이 뛰어나서 언어공격에 능하다.		
34.	나는 선의를 위해서라면 피해자가 생기더라도 힘차게 밀고 나간다.		
35.	나는 뻔뻔하게 의견을 밀고 나간다.		
36.	나는 순발력이 뛰어나다.		
37.	나는 업무 시간의 최소 10퍼센트는 인맥 관리에 투자한다.		
38.	나는 지원을 기대할 수 없는 인물을 정확히 파악하여 특별히 경계한다.		
39.	나는 신뢰는 좋지만 통제가 더 효과적이라고 생각한다.		
40.	나는 권력의 상징을 즐긴다.		
41.	나는 나 자신과 다른 사람들에 대한 기대치가 높다.		
42.	나는 내가 정상에 있다면 수직관계나 위계질서도 바람직하다고 생각한다.		
43.	나는 위험 감지 능력이 뛰어나고 대응이 빠르다.		

번호	내용	예	아니오
44.	나는 직장 사람들의 공격을 버틸 수 있는 힘을 지니고 있다.		
45.	나는 전도유망한 새로운 전략을 구상하는 과정이 즐겁다.		
46.	나는 직장에서 경쟁상대의 계획을 조용히 좌초시킬 수 있다.		
47.	나는 필요하다면 상대의 약점을 물고 늘어진다.		
48.	나는 필요하다면 상대를 압박할 수도 있다.		
49.	나는 직장에서 성급함도 필요하다고 생각한다.		
50.	나는 권력을 좋아하며 더 많이 누리고 싶다.		

이제 '예'에 몇 번 표시했는지 세서 그 개수를 더해보자. 아래의 표를 보면 자신의 매운맛 점수를 알 수 있다.

'예'의 개수	스코빌 지수	매운맛 정도	평가
50	100,000~ 500,000	10	눈물 나게 맵다: 당신은 과도하게 권력을 추구하는 권력 뱀파이어다.
45	50,000~ 100,000	9	
40	30,000~ 50,000	8	
35	15,000~ 30,000	7	아주 맵다: 이보다 더 좋을 수 없다. 지금이 최상이다. 맵고 공격적이지만 마음은 따뜻하다.
30	5,000~ 15,000	6	

25	2,500~5,000	5	제법 맵다: 매운맛을 발휘할 잠재력
20	1,500~2,500	4	은 있지만 더 적극적으로 활용할 필요가 있다.
15	1,000~1,500	3	
10	500~1,000	2	살짝 맵다: 당신은 상냥하고 친절해서 누구에게나 사랑받지만 거기서 더 나아가지는 못한다.
5	1~500	1	
0	0	0	전혀 맵지 않다: 이 험한 세상을 살아가기에 지나치게 착하다.

'예'의 개수에 따른 처방전

0개: 전혀 맵지 않다

이 험난한 세상을 어찌 살아갈지 걱정이 앞선다. 부디 직장에 당신을 지원하고 보호해줄 동맹군이 있기를 바란다. 당신은 권모술수를 싫어하며, 상대의 의도를 명확히 파악하지 못한다. 그래서 무시당하고 손해를 입어도 그것이 '착한 사람'을 겨냥한 작전이라는 생각을 하지 못한다. 이로 인해 당신의 책상에는 늘 일이 쌓이고 아무리 열심히 일해도 돌아오는 것은 시간 관리를 못한다는 핀잔뿐이다. 당신은 아무리 나쁜 경험이 쌓여도 절대 매운 고추 전략을 사용하지 않는다. 그러니 영향력 있는 동료를 찾아서 힘들 때 보호와 응원을 구해야 한다. 그렇지 않으면 직장에서 얼마 버티지 못할 것이다.

1~15개: 살짝 맵다

당신은 상냥하고 친절해서 모두에게 사랑받지만 거기서 더 나아가지는 못한다. 권력 게임이나 인맥 관리에 시간을 쏟지 않고 무슨 일이든 신속하게 해결해서 모두가 당신을 신뢰하고 좋아한다. 또한 근면 성실하고 뛰어난 전문지식을 지니며 특별히 경력에 야망을 품지도 않으니 상사 입장에서는 최고의 부하직원이다. 상사는 당신을 꼭 붙들어두기 위해 당신의 승진을 돕지 않을 것이다. 이 모든 상황과 자신의 업무나 지위에 만족한다면 이대로 살면 되겠지만, 뭔가 손해 보고 있다는 기분이 든다면 매운 고추 전략에 관심을 가져야 한다. 조금 더 매워지면 손해 볼 일이 없을 것이다.

16~25개: 제법 맵다

잠재력은 충분하니 숨은 매운맛을 끌어내어 잘 활용하기만 하면 된다. 당신은 뜻을 관철하고는 싶지만 공격을 해도 된다는 결단은 아직 서지 않았다. 올바른 결정임에도 팀이 합의를 보지 못했다는 이유로 그 결정을 밀고 나가지 못한다면 당신의 배려가 오히려 팀의 능력을 약화시키는 결과를 초래할 것이다. 모든 일에 신중하게 고민하는 성격상 당신은 중간자 역할은 잘해낼 수 있지만 결정을 추진할 능력은 아직 부족하다. 당신을 대신해 일을 밀고 나갈 동료를 찾거나 매운 고추 전략을 활용해봐라. 당신에게 꼭 필요한 추진력을 매운 고추 전략이 선사할 것이다.

26~40개: 아주 맵다

당신은 최적의 매운맛을 지니고 있다. 투지가 강하고 공격적이지만 마음은 따뜻하다. 20퍼센트의 매운맛과 80퍼센트의 협동심으로 섬세할 때와 거칠 때를 정확하게 판단하고, 예의와 분노를 오가는 폭넓은 소통 방식을 지녔다. 항상 의욕이 넘치고 자신이 원하는 바를 정확히 알며 필요하면 의견을 굽힐 줄도 알기에 절로 카리스마가 뿜어져 나온다. 직장과 일상에서의 태도 변화를 확실히 할 줄 아는 당신은 이대로 쭉 가면 된다.

41개~50개: 눈물 나게 맵다

당신은 과도하게 권력을 쫓는 권력 뱀파이어다. 매운맛을 조금 덜어낼 필요가 있다. 물론 지금 직장에서는 성공가도를 달릴 수도 있지만 필요 이상의 투지와 권력욕으로 팀을 뒤흔들 때도 많을 것이다. 특히 가정에서도 회사와 다를 바 없이 행동할 것이므로 무척 걱정스럽다. 직장에서는 유익한 전략이 가정을 망가뜨릴 수도 있다는 사실을 기억할 필요가 있다. 필요할 때는 앞뒤 안 보고 돌진해도 때로는 따뜻하고 다정다감할 줄 알아야 한다. 무엇이든 넘치면 모자라는 것만 못하다. 권력도 다르지 않다.

1차 분석:
긍정적 라벨링으로 강점을 알려라

　강점 분석은 성공한 사람들이 가장 기본적으로 하는 일이다. 자신의 강점을 알아야 현실적으로 어떤 능력을 발휘해야 하는지 알고 그것을 적극적으로 활용할 수 있기 때문이다. 자신의 강점에 관해 언급하는 것은 절대 단순한 자랑이 아니다. 다른 사람들이 일과 관련된 당신의 강점을 분명히 파악할 수 있기에 당신은 다른 사람들로부터 신뢰를 얻을 수도 있다.

　당신의 강점을 적극적으로 이야기하라. 당신이 말하지 않으면 아무도 모른다. 운명에 맡기지 않고 자립적으로, 생산적으로 현실을 만들어나가야 한다. 어떤 인생길을 개척할지는 스스로가 결정할 문제다. 당신의 강점을 어디에 어떻게 활용하여 어떤 직장 생활을 할지는 당신에게 달렸다.

한편, 성공한 사람들이 중시하는 특성은 다음과 같다.

- 지구력
- 열정과 유머
- 투철한 목표의식
- 분석적이고 전략적인 사고
- 압력을 행사할 수 있는 능력
- 다른 사람을 동기 부여할 수 있는 능력
- 당당하고 자신감 있는 태도
- 끈기와 근성
- 신속한 상황 판단력
- 예의 있고 친절하며 다정한 태도
- 남의 약점을 물고 늘어지는 능력
- 남의 헛수고를 즐기는 능력
- 약간 거만한 태도로 다른 사람과 거리를 두는 능력
- 지배욕을 드러내는 능력

- 다른 사람의 선의를 이용하는 능력
- 기업을 중심에 두고 행동하며 기업의 이익을 생각하는 능력
- 팀원들을 독려할줄 아는 능력
- 뛰어난 언변으로 상대를 제압하는 능력
- 공격에 즉각 대응하는 능력
- 뛰어난 지식을 은근히 자랑하는 능력

이와 같은 특성은 모두 직장에서 빠듯한 시간 안에 역경을 딛고 성과를 내는 데 필요한 능력이다. 물론 그렇다고 해서 시도 때도 없이 사람들을 압박하고 채근하는 것이 아니라, 꼭 필요할 때 그럴 수 있는 능력을 갖추는 것이 중요하다. 공격적인 사람이 되어야 한다고 해서 윤리와 배려를 무시해서는 안 된다. 늘 올바르고 명확한 윤리적 가치관을 두고 행동하는 것이 중요하다.

자신의 강점을 분석하여 소문내라

직장에서는 자신의 강점을 널리 알려야 한다. 당신의 불타는 의욕과 뛰어난 능력, 냉철한 분석력을 널리 소문내야 한다. 자

신의 강점을 강조하면 무시당하지 않는다. 스스로 강점을 이야기하지 않으면 주변 사람들은 둔감해서 당신의 강점을 알아차리지 못한다.

당신이 기업에 선사할 수 있는 능력을 꾸준하고 자연스럽게 사방에 알려라. 잠시 쉬면서 일상적인 대화를 나눌 때, 점심시간에 식당에서, 커피를 마시면서도 지나가는 말처럼 은근히 자기 자랑을 해라.

상호작용이론에서는 이를 두고 '긍정적 라벨링 Positive Labelling'이라고 부른다. 긍정적 낙인을, 능력 있는 사람이라는 꼬리표를 스스로에게 붙이는 것이다. 한 번으로 끝나지 않고 쉬지 않고 반복해야 한다. 인간은 망각의 동물이기 때문에 계속 낙인을 찍어야 주변 사람들이 기억한다. 그러다가 이제 당신의 능력을 인정받는다는 기분이 들 때면 차츰 자기 홍보의 빈도를 낮춰도 좋다. 당신이 직장 동료에게 말하고 다닌 당신의 강점은 어느새 점점 퍼져 상사의 귀에까지 들어갈 것이다.

당신의 강점을 정리하여 리스트로 작성해라. 이 리스트로 살벌한 직장을 헤쳐나가 보자. 당신은 어떤 업무를 정기적으로 처리하는가? 당신이 새롭게 도전하여 성사한 업무로는 어떤 것들이 있는가? 그 업무를 성사하기 위해 어떤 특성과 능력을 투입했는가? 차근차근 적어보자. 글로 적어야 전체적으로 조망하기가 쉽다.

다른 사람들이 당신에 대해 하는 말도 함께 적어라. 주변 사람들은 당신을 어떤 사람이라고 생각하는가? 어떤 강점을 칭찬하고 어떤 부분을 부러워하는가?

그런 다음에는 회사에 알리고 싶은 강점을 선별하라. 상사가 특히 높게 평가하는 부분이 무엇일까? 무엇으로 그에게 깊은 인상을 남길 수 있을까? 그 상사의 상사는 어떠한가? 그는 어떤 특성을 중시하는가? 당신의 기업에서 전통적으로 중시되는 능력과 강점이 있는가? 창업주가 정한 기업정체성은 무엇인가? 기업에서 원하는 특성들을 당신이 갖출 수 있다면 성공은 따놓은 당상이다. 기업이 선호하는 특성을 파악해서 자신의 강점으로 만들어라.

★ ☆ ☆ ★ ☆

누구의 칭찬을 가장 믿을 수 있을까? 바로 자기 자신이다. 자신을 칭찬하라. 자신의 장점을 발굴하여 아낌없이 칭찬하라.

자신감은 긍정적인 파장을 일으킨다

이 방법의 가장 좋은 점은 당신의 강점에 집중하기 때문에 비판과 불평을 무시할 수 있다는 것이다. 당신의 의식은 자신의 강점을 믿고 있기 때문에 비난이나 비판을 받아도 절대 주눅 들지 않는다. 오히려 비판하는 상대의 의도가 무엇인지, 어떤 작전을 짜고 있는지부터 묻게 된다. 즉, 그 어떤 비판에도 흔들리지 않고 경계 태세에 나설 수 있다. 그러면 당신은 느긋하게 대응 전략을 모색할 것이고, 비판은 부메랑이 되어 그 사람에게로 되돌아갈 것이다.

살다 보면 상황이 너무 힘에 부쳐서 내가 과연 잘 사는지 의심스러울 때가 있다. 그런 순간이야말로 더욱 더 자신의 강점, 자신의 긍정적 라벨링에 주목해야 할 때다. 토마스 정리Thomas Theorem에 따르면 사람들은 상황을 객관적으로 파악하기보다 주관적 이해를 통해 자기 나름대로 해석하며, 행동 또한 그 해석의 영향을 받는다고 한다. 그 말은 자신의 강점을 굳게 믿으면 그것이 심리와 기분을 긍정적인 방향으로 바꾸어준다는 뜻이다.

모든 일에 부정적인 불평꾼들은 이런 긍정적 라벨링도 자기도취라며 지적할 것이다. 그 말도 맞다. 그래도 좋지 않은가?

나는 경영세미나에서 참가자들에게 서로의 장점을 이야기하게 한다. 사람마다 보는 눈이 다르기 때문에 당사자가 전혀 생각하지 못한 장점을 누군가가 포착해낸다. 그러면 정말로 놀라운 일이 일어난다. 칭찬을 받은 사람의 얼굴이 환하게 피어난다. 평소 무뚝뚝하고 감정을 잘 드러내지 않았던 이들의 얼굴에 환한 웃음이 번진다. 그것이 바로 따뜻한 말 한마디의 효과다. 한 번씩 이유 없이 우울하고 삶의 의욕이 떨어졌을 때 칭찬 한마디가 큰 힘이 될 때가 많다.

★ ☆ ☆ ★ ☆

자신의 장점을 확신하는 사람만이 권력을 지닐 수 있다. 자신감을 느끼며 프로젝트를 적극적으로 추진하고 목표를 이룰 것이다.

2차 분석:
당신이 감춰온 매운맛을 드러내라

내성적인 사람들 가운데 과거에 남에게 이용당한 적이 있는 사람들은 자신에게도 투지와 공격적인 성향이 숨어 있다고 생각하지 못한다. 거절당할지 모른다는 두려움이 뼛속 깊이 박혀 있기에 "난 못해"라며 성급한 판단을 내려버린다. 이들은 주변의 외면과 무시, 그로 인해 입을 상처를 두려워해서 다른 사람들에게 순종해왔다. 당연히 의사를 관철할줄 아는 공격적인 동료나 상사의 만만한 먹잇감이었을 것이다.

하지만 이는 동전의 한 면일 뿐이다. 이들도 과거에 충분히 단호한 태도로 공격성을 나타낼 수 있었을 것이다. 현재는 자신감이 떨어지고 두려움이 커져 순응하게 되었지만, 조금 시간을 두고 고민하다 보면 점차 잠재된 공격성을 깨우고 발전해나갈 수 있다.

곰곰이 생각해보면 누구에게나 한 번쯤은 투지를 불태우며 공격적으로 대처했던 상황이 있다. 이런 기억이 매운맛을 발산할 수 있는 힘과 용기를 준다. 너무 겁먹지 말라. 매운 고추 전략의 목표는 '나쁜 사람'을 만드는 것이 아니라, 저항의 힘을 일깨우고 용기를 주는 것이다.

당신의 투지를 믿고 나아가라

과거의 투지를 미래의 권력을 위해 적극적으로 활용해야 한다. 그러려면 먼저 정당화를 통해 과거의 행동을 긍정해야 한다. 행동의 타당성을 납득하여 수치심과 죄책감을 털어낸다. 성공한 경영인들이 경쟁 사회에서 일어나는 추악한 현실을 미화하기 위해 자주 사용하는 기술은 다음과 같다.

- 직원을 해고한 것이 아니라 기업의 존립을 보장하기 위

해 인력을 감축한 것이다.

- 부서를 없앤 것이 아니라 전략적 이유에서 핵심 사업에 집중하는 것이다.
- 경쟁사를 침몰시킨 것이 아니라 업계의 과도한 경쟁을 줄인 것이다.

이런 식의 확고한 사고가 투지를 키운다. 투지 있게 밀고 나가려면 자신의 행동에 긍정적 색깔을 덧입힐 필요가 있다. 부정적인 결과에만 집중하면 양심의 가책이 발목을 잡는다. 그러면 과거의 '매운' 행동에서 현재의 투쟁을 위한 힘을 얻지 못하고 아무리 좋은 아이디어도 사장되고 만다.

당신이 과거에 했던 비열한 행동이 기억나는가? 어떤 상황에서 그런 행동을 했는가? 직장에서 악행을 저지른 기억이 나지 않는다면 사생활에서 찾아보자. 아주 사소한 일이라도 일단 찾아내면 직장에서 저질렀던 악행도 따라 떠오를 것이다. 그 모든 일화를 조용히 종이에 적어보자. 마음이 약해지는 순간 당신의 매운맛을 상기시켜줄 중요한 증거 자료가 된다.

화끈한 행동은 교육적 효과도 있다. 적에게 "그런 뻔한 수법은 나에게 안 통해. 날 건드리면 혹독한 대가를 치러야 할 거야"라는 신호를 보낸다. 적이 화들짝 놀라 뒤로 물러설 것이다. 어디로 뛸지 알 수 없는 럭비공은 상대의 목표물이 되지 않는다. 이제 당신의 적들도 당신이 만만한 상대가 아님을 깨닫고 함부로 공격하지 못한다. 내 세미나에 참석했던 한 여성은 이런 멋진 비유를 들었다. "나에게 깎아 달라는 말은 안 통해요. 명품 매장이라서 정가로만 팔거든요."

3차 분석:
당신의 약점을 당당하게 보여줘라

　자기 약점을 입에 올리고 싶은 사람이 있을까? 하지만 절대 주춤할 이유가 없다. 약점은 성숙한 인성의 수프에 뿌린 소금과도 같다. 약점은 그 사람을 세상에 단 하나뿐인 소중하고 호감이 가는 존재로 만들어준다. 특히 모난 구석 하나 없이 반듯해 보이는 성공인들이야말로 가끔씩 약점을 보일 필요가 있다.

　잘 활용하면 약점도 대단한 무기가 된다. 이 세상에 완벽한 사람은 없다. 약점이 드러났다고 화낼 이유도 없고 허둥지둥 숨길 이유도 없다. 어차피 직장 생활을 하다 보면 약점은 드러나게 된다. 차라리 스스로 마음을 열고 내보이는 쪽이 더 매력적이고 솔직해 보인다. 당신이 직장 생활에서 약점을 내보이면 다른 사람들은 흔히 다음과 같은 반응을 보일 것이다.

① 약점을 이용하려는 유형

이런 유형의 사람들은 용서하거나 잊지 말고 기억해두었다가 나중에 대갚음해주자. 무엇보다 당신의 약점을 이용당하지 않도록 정신을 바짝 차리고 경계해야 한다.

② 상처에 소금을 뿌리는 유형

하필이면 당신이 가장 어려워하는 업무를 맡기는 사람이 있을 것이다. 당신이 더 배울 수 있도록 당신을 위해 그런 업무를 주었다는 평계에 넘어가면 안 된다.

③ 긍정적인 전문가 유형

훌륭한 상사는 부하직원들의 약점을 분석하여 적절한 업무를 배정하려고 노력한다. 어떤 지점이 약한 사람은 아무리 노

력해도 그 분야에서는 중간 정도의 성적을 내기도 어려워한
다. 그 개인의 입장에서는 새로운 도전이었다는 점에 의미가
있겠지만, 회사의 입장에서는 후퇴를 의미한다.

★ ☆ ☆ ★ ☆

**진정한 리더십은 부하직원의 약점을 파악하고 강점을 밀어주는
것이다.**

가장 이상적인 상황은 나의 약점을 스스로 인정하고 털어놓
는 것이다. 그러나 다른 사람이 나의 약점에 대해 말할 때는 상
황이 달라진다. 여기에는 2가지 대처 방식이 있다. 먼저 둘이
있을 때 상대가 당신의 약점을 지적한다면 그건 고마워해야
할 일이다. 이는 자신을 돌아볼 계기가 된다. 당신에게 호의가
있는 사람이라면 둘이 있을 때 조용히 잘못을 지적한다.

반면, 당신을 공개적으로 비판한다면 그 행동은 절대 선의가
아니다. 여러 사람 앞에서 당신의 약점을 드러내고 지적한다
면 얼른 경계 태세를 갖춰야 한다. 그것은 분명 당신에게 해를
끼치려는 의도이기 때문이다. 비판한 상대를 기억해두었다가

앞으로는 철저하게 대응해야 한다. 또 한편으로는 당신의 편을 모아 반격해야 한다. 반격보다 좋은 대응은 없다.

당신의 약점을 면밀히 들여다보라

당신에게는 어떤 약점이 있을까? 투지에 불타는 사람들이 자주 꼽는 결점으로는 다음과 같은 것들이 있다.

- 자기 과시
- 과도한 친절
- 누구나 파악할 수 있는 뻔한 수법
- 거절에 대한 두려움
- 너무 쉽게 모욕감을 느끼는 성격
- 지나치게 팀원들을 채근하는 태도
- 인내심이 없어 쉽게 욱하는 성격
- 상황을 자신에게 좋은 쪽으로만 해석하는 태도
- 속내를 모두 드러내는 성격
- 상황을 냉철하게 분석하지 않고 선뜻 믿는 태도
- 남을 쉽게 믿는 태도
- 갈등이 싫어 쉽게 타협해버리는 성격
- 남을 너무 배려하느라 내 이익을 챙기지 못하는 태도

- 너무 쉽게 용서하고 잊어버리는 태도
- 부분만 보고 전체는 보지 못하는 태도
- 지나치게 오래 생각하고 일하는 태도
- 쉽게 스트레스를 받고 무기력해지는 태도
- 남의 의견을 무조건 수긍하는 태도

당신의 약점은 무엇인가? 어떤 부분이 특히 약한가? 강점을 찾을 때처럼 당신이 했던 업무와 도전을 떠올려보고, 제대로 해내지 못한 업무와 실패한 도전을 적는다. 어디서 걸려 넘어졌는가? 무엇을 관철하지 못했으며 이유는 무엇인가? 상사와 동료들이 반복하여 지적하는 당신의 문제점은 무엇인가? 고객들이 항의하는 문제점은 무엇인가?

이 가운데 다른 사람에게 알려도 되는 약점은 무엇일까? 바로 당신의 회사와 업계에서 크게 문제되지 않을 약점을 골라야 한다. 예를 들어 금융업계에서 일한다면 계산이 느리다는 약점은 절대 함구해야 한다. 가장 부작용이 적은 약점으로 골라보자.

당신의 약점을 알고 있는 사람이 누군지도 고민해보자. 당신의 약점을 의도적으로 이용해서 당신을 괴롭히는 사람이 있는가? 이렇게 약점을 쭉 적어보면 어떤 약점이 이용당하기 쉬울 지도 쉽게 파악할 수 있다.

또 자신의 약점을 알면 남의 약점도 눈에 잘 들어온다. 주변 사람들의 약점을 파악했을 때 가장 현명한 대처법은 둘이 있는 자리에서 당신이 그의 약점을 알고 있다고 상대에게 언질을 주는 것이다. 물론 절대 이용하려는 의도는 없으며 반대로 그의 강점을 지원하겠다는 말도 곁들여야 한다. 상대는 안도하고 당신에게 고마워할 것이다. 그리고 당신의 배려에 감동받아 어디를 가나 당신을 칭찬할 것이다.

4차 분석:
당신의 트라우마를 어루만지고 극복하라

왜 괜히 소심해지는 걸까? 왜 무시당하고 손해를 볼까? 왜 화내며 따지지 못하고 꾹꾹 참다가 뒤돌아 후회만 하는 걸까? 왜 부당한 비판에 저항하지 못할까?

이런 소극적인 태도의 원인은 두려움이다. 괜히 한마디 했다가 돌아올 후환이 두렵기 때문이다. 내가 내보인 비판과 저항이 부메랑이 되어 나를 때릴까 봐 겁난다. 어느 화학기업의 대표는 '교양 있는 사람은 그러면 안 된다'라는 핑계를 대며 방어적인 자세를 취했다. 그 태도 안에 숨은 두려움이 이렇게 묻는다.

- 당신이 살면서 알게 모르게 지었던 죄는 무엇인가?
- 당신이 살면서 알게 모르게 저지른 실수는 무엇인가?
- 당신이 내린 잘못된 판단과 결정이 무엇이며 그 결과로 인해 얼마나 큰 피해를 봤는가?
- 당신이 남에게 준 상처는 무엇이며 당신을 오래도록 아프게 한 상처는 무엇인가?

정신분석가 제이콥 모레노Jacob Levy Moreno는 이를 두고 우리 심리가 미처 '처리하지 못한 일'이라고 불렀다. 그것이 우리를 움츠러들게 하고 앞으로 나아가지 못하게 한다. 누군가 그 민감한 지점을 건드릴까 봐 겁이 나서 화가 나도 참고 애써 외면한다. 인간적으로는 충분히 이해할 수 있다. 하지만 이런 소극적인 태도가 계속 앞길을 가로막는데도 그냥 참고 견뎌야 할까?

자신에게 어느 정도의 투지가 있는지 분석하기 시작하면 처음에는 마음이 더 약해진다. 자신의 민감한 부분을 확대해서

들여다보게 되니 자존감이 떨어진다. 하지만 거기서 멈추어서는 안 된다. 생각을 뒤집어야 한다. 가장 큰 상처에서 가장 큰 용기를 끌어낼 수 있다. 이 비난과 험담, 상처가 당신에게 가장 큰 아픔을 준다는 사실을 알고 나면 엄청난 해방감이 밀려올 것이다. 앞으로 그보다 더 나쁜 일은 없을 테니 말이다.

당신이 받을 수 있는 가장 큰 벌, 당신이 들을 수 있는 가장 혹독한 말이 무엇인지 알기에 두렵지 않다. 무슨 벌을 받아도, 무슨 말을 들어도 이보다 더 아프지 않을 테니 두렵지 않다. 직장에서 어떤 갈등이 생겨도 느긋하고 여유 있는 자세로 대응할 수 있다.

그러니 이렇게 한번 해보면 어떨까? 내일 회사에 출근하면 골치 아픈 일이 기다리고 있을 수도 있다. 그런 날 거울 앞에 서서 큰 소리로 씩씩하게 외친다. "그래, 좋아. 마음껏 덤벼봐. 내가 다 상대해주지." 마음을 단단히 다지고 자신감을 가득 채운 다음 당당하게 출근해보라.

아무리 아픈 말을 들어도, 아무리 독한 비난을 들어도 다치지 않을 것이다. 여유 있는 마음과 표정으로 비난과 욕설을 가볍게 튕겨낼 수 있을 것이다. 최악을 각오했기에 웬만한 공격은 아프지도 않을 것이다. 상대는 당신의 마음속을 들여다볼 수 없기에 무척 당황하며 당신의 내공이 보통이 아니라고 생각하게 될 것이다.

★ ☆ ☆ ★ ☆

자신의 가장 깊은 비밀과 상처를 아는 사람은 어떤 비판에도 의연하게 대처할 수 있다.

나를 가장 잘 아는 사람은 바로 나 자신이다

자, 이제 한번 솔직한 태도로 스스로에 대해 생각해보자. 당신에게 가장 큰 상처가 되는 것은 무엇인가? 지금도 기억하면 땀이 나고 얼굴이 빨개지는 부끄러운 순간이 있는가? 그런 상황을 글로 적어보자. 어떤 점이 구체적으로 상처가 되는가? 사랑했던 사람의 말인가? 당신의 행동인가? 다른 사람의 행동인가? 당신이 무엇을 두려워하는지 정확히 파악할수록 더 튼튼하게 무장할 수 있다. 다 정리하면 혹시 누가 볼지도 모르니 당신의 상처에 관해 기록한 종이는 태워버리자.

한 가지 명심해야 할 점이 있다. 당신의 가장 깊은 곳에 숨은 상처는 그 누구에게도 말해서는 안 된다. 아무리 친하고 가까운 동료라도 그런 것은 혼자서만 간직해야 할 비밀이다. 가끔 분위기에 떠밀려 자신도 모르게 비밀을 털어놓을 수도 있다. 그러니 그런 자리는 최대한 피하는 것이 좋다. 당신의 가장 아픈 곳을 아는 사람은 언제라도 그것을 이용할 수 있음을 명심하라.

사적인 관계에서도 마찬가지다. 가장 가까운 친구에게도 당신의 가장 깊은 곳에 있는 상처와 비밀은 털어놓으면 안 된다. 살다 보면 아무리 가까웠던 친구도 관계가 멀어지거나 사이가 나빠질 수도 있다. 그럴 때 당신의 비밀은 당신을 공격할 빌미가 될 수 있다.

범죄학 분야 가운데 피해자에 관해 연구하는 피해자학에서도 비슷한 논리가 있다. 존재하는 모든 것은 누군가에게라도 이용된다는 점이다. 강도가 무서워 침대 옆 협탁에 넣어둔 권총이 범죄자를 향하는 경우는 드물다. 대부분의 권총은 자신의 가족이나 자신을 향해 발사된다. 권총이 없었다면 주전자라도 던졌을 테고, 그랬다면 적어도 목숨은 건졌을 것이다. 그러니 당신의 약점을 철저히 분석하되 결과에 대해서는 끝까지 침묵해야 한다.

당신의 투지를 계속 멈추게 하는 요소가 무엇인지 살펴보라. 그것을 알아야 거친 미래에도 겁 없이 맞설 수 있다. 내공을 기르면 아무리 비난의 폭탄이 쏟아져도 당신은 근사하게, 용감하게 달려 나갈 수 있다.

당신의 허락 없이 아무도 당신에게
열등감을 느끼게 할 수 없다.

— 엘리너 루스벨트 Eleanor Roosevelt

단호함의
심리학
–
7단계

권력의
밑바닥에서
빠르게 탈출하라

권력관계 분석은
직장 생활의 시작이다

당신의 위치를 파악하고 싶다면 강점과 약점을 아는 것만으로는 충분하지 않다. 회사에서 당신이 맡은 역할이 무엇인지도 정확히 파악할 필요가 있다. 동료, 부하직원, 상사와 비교할 때 당신의 위치는 어떠한지도 알아야 한다. 한마디로 직장 내 입지에 대한 분석이 필요하다는 뜻이다. 그래야 당신에게 가장 위험한 경쟁자가 누구인지, 가장 든든한 지원군이 누구인지도 알 수가 있다. 직장에서 각자 어떤 역할을 하고 있는지를 알아야 권력 게임을 완벽하게 파악할 수 있다.

아무리 수평적인 조직이라도 위계질서는 존재한다. 당신의 팀, 부서에서 이루어지고 있는 권력 상황은 어떠한가? 팀은 개인을 도와주고 지지할 수도 있지만 모략과 음모가 난무하는 장소가 될 수도 있다.

회사가 성장하고 있거나 위계질서가 명확하고, 능력 있는 사람들이 회사를 이끌어가는 상황에서는 조화로운 팀 분위기에서 근무하게 된다. 그러나 이런 조건이 충족되지 못하면 팀은 경쟁과 모략이 싹트는 곳으로 변한다. 기업의 경영이 위태로워서 일자리가 줄어들면 내부의 경쟁도 치열해진다. 이 과정에서 승자와 패자, 가해자와 피해자를 양산하기 마련이다. 가해자가 되지 않으면서도 승자가 되려면 당신이 소속된 팀이나 부서의 구조를 꿰뚫어보고 읽어낼 수 있어야 한다.

★ ☆ ★ ★ ☆

기업에서 이루어지는 의사소통과 의사결정의 구조를 전략적으로 이용하려면 먼저 부하직원과 동료에 대해 충분히 알아야 한다.

다이아몬드 원칙으로
조직의 구조를 이해하라

다이아몬드 원칙은 사회체계이론의 대표인 하워드 폴스키 Howard Polsky 교수의 범죄학적 하위문화 연구에 뿌리를 둔다. 이 원칙은 범죄 단체나 기업의 조직 구성을 파악하고 역할 분배 과정을 이해하는 등 사회를 이루고 있는 다양한 경쟁을 분석하는 데 도움을 준다. 이 분석의 핵심은 일상에서도 활용할 수 있을 정도로 매우 간단하다. 친구와 경쟁자를 지도자와 부하, 중요한 사람과 외톨이, 위와 아래 등으로 나눈다. 따라서 이 분석은 누가 아군이고 누가 적군인지, 누구를 믿어야 할 것이며 누구를 경계해야 할지를 쉽게 파악할 수 있게 도와준다. 다이아몬드 구조에 따른 역할 분담은 다음과 같다.

지도자: 미소 짓는 승자
숨은 실력자: 겉으로 드러나지 않은 권력자
장교: 충성스러운 전사
직원: 누구에게나 순응하는 협조자
외톨이: 협동심이 부족한 불평꾼
단짝: 무능력하지만 서로를 돕는 두 사람
심부름꾼: 남들의 뒤치다꺼리를 하는 사람
희생양: 늘 죄를 뒤집어쓰는 사람

대부분의 팀에서는 위와 같이 역할이 나뉜다. 물론 한 사람이 둘 이상의 역할을 담당할 때도 있다. 이렇듯 미세하게 분석하고 판단하려면 각각의 개념을 알고 있어야 한다.

1. 조직의 실세: 지도자, 숨은 실력자, 장교

조직에서 지도자는 가장 똑똑하고 강력한 힘을 지닌 사람이다. 그들은 대부분의 특권을 누리며 주변 사람들의 사랑과 존경을 받는다. 그러나 그들은 조직에서 진정한 친구가 없다. 그들이 받는 사랑과 존경은 대부분 그들의 역할로 인한 것이다. 권력은 고독을 의미하지만, 장점도 많다. 그들이 입을 열면 모두가 침묵하고 그 의견을 따른다. 빠르게 변하는 혼란스러운 세상에서 그들은 확신과 의연함을 뽐낸다. 이런 특징으로 많은 사람이 자연스럽게 그들을 따르게 된다. 심지어 시선과 몸짓만으로도 상대를 압도할 수 있다.

어느 광고 회사에서 모든 구성원은 정장을 입는다. 갓 대학을 졸업한 신입사원에게도 아트 디렉터라고 불러준다. 회의 시간에도 직급에 상관없이 모두가 둥근 탁자에 둘러앉는다. 그래서 얼핏 보면 위계질서가 없는 것 같다. 하지만 회의 때마다 참석자들은 지도자의 표정을 살핀다. 그의 표정에서 발언의 옳고 그름을 읽는 것이다. 그 신호에 따라 발언 방향을 정한다.

숨은 실력자는 권력의 배후에 있는 사람을 말한다. 회사에 자주 나오지는 않아도 기업문화와 일상에 막대한 영향을 미치는 회장님이 그러한 예다. 이 고령의 권력자 편에 서서 그의 뜻을 받드는 사람이라는 인상을 풍기는 경영자는 어디를 가나 천하무적으로 통한다.

⚡

법무부 신입 직원이 중범죄자 교화 프로그램의 도입을 계획했다. 하지만 담당 부장이 단칼에 잘라버렸다. 여러 번 건의를 올렸지만 소용이 없었다. 그러던 어느 날 그가 모임에 갔다가 우연히 한 노신사를 만났다. 어쩌다 대화를 나누게 되었는데 정말 말이 잘 통해서 노신사가 먼저 친구하자며 제안했다. 자기 이름이 '하이너'라면서 이름으로 부르라고 권할 정도였다.

그런데 알고 보니 그는 법무부 범죄예방국장이었다. 잘되었다 싶었던 신입 직원은 마침 자신이 계획하고 있던 프로그램을 그에게 소개했고, 노신사는 괜찮은 생각이라고 응원해주었다.

다음 날 회의 시간, 힘을 얻은 그는 다시 그 교화 프로그램을 제안했다. 그리고 이런 말을 덧붙였다. "제가 주말에 하이너에게 말씀드렸더니 아주

괜찮다고 하시던데요." "하이너? 어떤 하이너?" 부장이 물었다. "하이너 헬만이요."

"법무부 국장님?" 부장이 비스듬하던 자세를 바로잡으며 놀란 표정으로 물었다.

"네."

"어떻게 아는 사이야?"

"그냥 개인적으로 좀 압니다." 신입 직원이 말했다.

이튿날부터 부장은 작업팀을 꾸려 교화 프로그램을 시작했다. 그 신입 직원은 그 후로도 자주 하이너를 이야기하고 다녔다. 첫 만남 이후 다시 그를 만난 적이 없었음에도 말이다. 어쨌든 그는 이제 직장에서 거물과 알고 지내는 권력자가 되었다.

장교는 지도자의 오른팔과 같은 사람이다. 그들은 주로 자신의 상사를 지지하는 발언만 한다. 누리는 특권은 많지 않지만 지도자의 후계자 자리를 노린다. 하지만 지도자가 강한 힘을 지닐 때는 충성을 다하며 비판적인 간언은 삼간다. 씁쓸한 진실은 언급해봤자 자신의 경력에 전혀 도움이 되지 않기 때문이다. 지도자의 말이 어이없이 황당해도 충성을 다해 지지한다.

5월의 태양이 화창한 어느 날, 오전부터 회의가 진행되고 있다. 그런데 지도자가 오늘 오후에 폭우가 쏟아질 것이라고 말한다. 참석자들이 어리둥절한 표정을 짓는다. 하늘에 구름 한 점 없는데 폭우라니. 그런데 자리에서 벌떡 일어난 장교가 창가로 가서 밖을 내다보더니 이렇게 말한다. "정확히 1996년 5월에도 비슷한 일이 있었지요. 기억이 생생합니다. 아침에 이렇게 화창하더니 오후 들어 갑자기 주먹만 한 우박이 쏟아졌거든요." 참석자들이 황당하다는 표정으로 그를 바라본다. 지도자는 속으로 흐뭇한 지소를 짓는다. 자신의 장교가 자기 할 일을 충실히 하고 있다는 사실을 확인했기 때문이다.

당신의 장교들이 충성을 다하고 있는지 확인하고 싶다면 위의 상황처럼 황당한 주장을 하고서 누가 당신의 말에 동의하는지 지켜보면 된다. 당연히 이런 장교들에게 비판적인 자문까지 기대해서는 안 된다. 비판은 이들이 할 수 있는 역할이 아니기 때문이다. 자문은 기업 컨설턴트들에게 맡기면 된다.

2. 조직의 주춧돌: 직원, 외톨이, 단짝

직원은 기업에서 수적으로 가장 많은 부분을 차지한다. 맡은 일을 열심히 하여 권력자의 보호를 받고 늘 회사가 바라는 대로 따른다. 이들은 중대하지 않은 문제에 관해서는 적극적으로 참여한다. 하지만 책임지는 일은 피하려 하기 때문에 모나게 행동하지 않고 기업의 주류에 순응한다. 이들은 소문에 관심이 많고 쉽게 선입견을 지닌다. 이런 행동이 성공에 도움되는 것은 아니지만, 자신도 무언가에 동참하고 있다는 데 만족감을 느낀다.

그들의 발언에 귀 기울이는 사람은 많지 않으며 그들도 그 사실을 잘 안다. 따라서 다른 사람과의 의사소통은 주로 비공식적으로 이루어지고, 공식적인 자리에서 다른 사람과 소통하는 일은 거의 없다. 경영자들은 그들이 회의 때 보다 활발히 의견을 제시하기를 바라지만, 이처럼 중요하지 않은 일에 열성을 다하는 태도야말로 직원들의 전형적인 모습이다.

이들은 타협을 통해 개인의 이익을 추구한다. 이를 위해서라면 정직과 공감, 아첨에 이르기까지 다양한 행동 방식을 구사한다. 이들은 권력에 유연해서 경영철학에 관계없이 어떤 경영자에게도 충성할 수 있다. 맡은 바 일을 정확히 해내고 규정을 지키지만 주요 관심사는 직장이 아닌 가족이나 취미다. 그렇다고 해서 일을 망치거나 문제를 일으키는 일도 없다. 따라서 그들은 긍정적인 의미에서 중간 정도의 수준을 유지하며, 그것에 만족하여 기꺼이 기업의 주춧돌 역할을 해낸다.

한편, 대부분의 팀이나 부서에는 외톨이가 있다. 행동이 기업의 틀에 맞지 않는 직원들이다. 이들은 아무런 특권도 누리지 못한다. 이들의 의견은 관심받지 못하며, 동료들은 이들이 생산적인 아이디어를 제시한다고 해도 귀담아듣지 않는다.

단짝은 그마나 조금 낫다. 짝이 있어서 외롭지는 않기 때문이다. 지위가 낮은 두 사람이 서로에게 힘이 되어주며 지원군 역할을 한다. 사람이 많은 곳에서 분위기에 아랑곳하지 않고 상대의 아이디어를 추켜세운다. 참 난감한 상황이지만 그 누구도 그들에게 별다른 기대를 하지 않으니 상관없다. 특히 높은 직급의 사람들은 그들의 말에 전혀 관심을 보이지 않는다.

3. 외면당하는 소수자: 심부름꾼, 희생양

심부름꾼은 팀에서 지위가 낮으며 성공에 대한 의욕이 없다. 그럴 필요가 없는데도 자진하여 순종하고 윗사람에게 봉사한다. 또한 다른 사람들의 뒤치다꺼리를 도맡느라 정작 자신의 행복과 이익은 챙기지 못한다. 그런 행동을 통해 배려심이 많다는 칭찬을 듣고 싶은 것이다. 이들은 누구에게나 상냥하고 친절하므로 팀 분위기를 부드럽게 만든다. 그러나 권력 지향적인 사람들은 이런 식의 친절을 곧 권력이 없고 허약하다는 자백이자 복종의 표현으로 받아들인다.

희생양은 팀에서 중요한 역할을 맡지만 그 존재를 인정받지 못한다. 희생양이 있다는 것은 팀의 권력 구조가 명확하다는 뜻이다. 팀원들이 합의하여 희생양을 한 명 정하면, 희생양은 괴롭겠지만 팀에는 엄청난 이득이 돌아간다. 책임 소재가 분명해지기 때문이다. 무언가 잘못되었을 때 범인은 늘 희생양으로 지목된다. 이 덕분에 팀의 업무 능률이 놀랍도록 상승한다. 서로 물고 뜯을 필요가 없기 때문이다. 누가 봐도 그에게 잘못이 없을 때는 이런 사태를 예측하지 못한 책임을 물어 희생양을 괴롭힌다.

팀 내에서 희생양인 그가 회의에서 잘못을 지적하는 동료들에게 항의한다. "왜 나를 비난합니까? 그건 제 업무가 아니에요. 또 그 사건이 일어났을 때 저는 휴가 중이었어요. 여기 없었단 말입니다. 저한테 뭐라고 하지 마세요." 그러나 동료들은 아랑곳하지 않는다. "바로 그게 문제예요. 회사에 이 사단이 났는데 당신은 어디에 있었죠? 속 편하게 혼자 휴가를 갔잖아요."

희생양은 당연히 이런 역할이 마음에 들지 않지만 쉽게 벗어날 수 없다. 팀 전체가 희생양 덕분에 무사한 것에 안도하고 만족하기 때문이다. 따라서 아무리 반격해도 오히려 희생양의 요구가 지나치다는 비난만 듣기 일쑤다. 그러나 희생양을 너무 몰아붙이면 그는 더 이상 견디지 못하고 팀을 떠날 것이다. 그렇게 되면 팀은 다시 그 역할을 맡아줄 사람을 찾게 되는데, 자칫하면 당신이 희생양이 될 수도 있다. 당신이 희생양이 되는 사태를 막기 위해서라도 기존의 희생양을 격려하고 다독이며 잘 보살펴라.

직장 내 당신의 위치와
역할을 파악하라

팀을 구성하는 다양한 역할을 파악했다면, 이제 당신의 위치를 확인할 차례다. 아래의 5가지 질문에 대답해보자.

- 당신은 기업에서 어떤 역할을 맡고 있는가?
- 당신과 가장 가깝게 지내는 동료나 부하직원의 역할은 무엇인가?
- 그중 당신의 가장 든든한 지원군은 누구인가? 당신이 잘

못했을 때도 당신의 편이 되어줄 사람이 누구인가?

- 당신에게 위기 상황이 닥쳤을 때 믿지 못할 사람은 누구인가?
- 당신을 싫어하고 당신의 앞길을 가로막는 사람은 누구인가?

회의 시간이나 일상생활에서 동료들의 관계를 자세히 관찰해보자. 회사에서, 부서에서, 팀에서 누가 숨은 실력자인가? 누가 외톨이인가? 앞에서 살펴본 다이아몬드 그림에 부서 사람들을 한 사람씩 대입해보자. 대부분 한 사람이 100퍼센트 한 역할만 맡는 것은 아니다. 상황에 따라 역할이나 행동이 달라질 때도 많다.

다이아몬드에서 당신의 위치가 어디인지 솔직하고 정확하게 분석하라. 자신을 분석할 때는 잘난 척해봤자 손해만 날 뿐이다. 자신이 어디에 있는지도 모르는데 어떻게 주변 사람들을 전략적으로 이용할 수 있겠는가?

분석해보니 자신의 위치가 만족스럽지 않을 수도 있다. 자세히 들여다보니 당신이 외톨이나 단짝, 심지어 심부름꾼이나 희생양일 수도 있다. 그럴 때는 딱 한 방법뿐이다. 자신의 지위를 바꾸기 위해 노력하라. 물론 쉽지 않다. 굳어진 역할에서 벗어나기란 무척 고단하고 힘든 일이다. 그래도 시작이 반이라는 말이 있지 않는가.

지금 당신에게 필요한 것은 각오다. 당신보다 높은 지위의 영향력 있는 동료를 내 편으로 만들고 말겠다는 다짐이다. 동료나 상사가 중요한 사람이기 때문에 잘해주라는 말이 너무 인정머리 없게 들릴지도 모르겠다. 필요한 사람에게는 아부하고 필요하지 않은 사람에게는 야박해지라는 소리로 들릴 수도 있다. 하지만 당신의 아부를 받는 사람의 입장에서 생각해보면, 그는 당신의 관심에 흡족해하며 그것이 당연하다고 생각할 것이다. "내가 얼마나 중요한 사람인지 이제야 알았군." 그런 마음이 들어 기분이 좋을 것이다.

구체적으로 적용해보자. 당신이 현재 단순히 직원이나 외톨이인데 좋은 아이디어가 있다면 어떻게 해야 할까? 일단 숨은 실력자가 누구인지를 찾아내야 한다. 회사가 누구의 뜻대로 움직이는지 분석해야 한다. 그 사람의 관심을 끌 수 있으면 당신의 아이디어가 관철될 확률도 크게 높아진다. 그가 경영진에게 당신의 아이디어를 채택하라고 언질을 줄 수도 있기 때문이다. 그러니 항상 스스로에게 이렇게 질문하며 주변을 살펴라.

- 누가 결정권자인가?
- 그는 어떤 것에 긍정적인 반응을 보이는가?
- 결정권자의 마음에 들게 나의 아이디어를 포장하는 방법은 무엇인가?
- 결정권자가 특히 아끼는 사람은 누구인가?
- 이들을 미리 포섭하여 내 편으로 만들 수 있을까?

당신이 단짝인 경우에도 마찬가지다. 둘이서만 붙어 다니지 말고 비슷한 관심사를 지닌 다른 단짝과 협력하라. 인원이 많아지면 힘도 커지므로 공동의 주제나 프로젝트를 추진할 수 있다. 윗선에서도 함부로 무시할 수 없다. 잘못 건드렸다가는 여러 명이 동시에 반발할 테니까 말이다.

당신이 심부름꾼이라면 심부름을 거부하여 역할을 바꿀 수 있다. 그러려면 뻔뻔하고 당당해져야 한다. 갑자기 당신이 손을 놓아버리면 팀이 제대로 돌아가지 않을 것이므로 주변에서 화내고 짜증낼 것이다. 평소 당신에게 쏟아지던 사랑과 칭찬도 사라질 것이다. 사랑받기 위해 서비스를 자처했던 당신에게는 무척 아픈 상처가 될 것이다. 그래도 앞으로 나아가려면 견뎌야 하는 과정이다. 두 달 정도만 참고 견디면 심부름하지 않는 당신에게 모두가 익숙해진다. 그리고 누군가 나서 당신의 역할을 맡을 것이다.

입지를 강화하고 새로운 프로젝트를 추진하려면 든든한 지원군이 필요하다. 다이아몬드 분석은 누구에게 지원을 받을 수 있는지도 한눈에 보여준다. 팀에서 당신의 말이라면 무조건 트집부터 잡는 사람이 누구인지 잘 관찰하라. 그런 사람에게 지원을 기대해서는 안 된다. 당신에게 충성하는 사람들에게 집중하라. 그러나 이들이 다이아몬드에서 적어도 장교의 위치는 되어야 한다. 그렇지 않으면 당신을 지원해줄 수가 없다.

어느 기업의 임원이 멋진 아이디어를 냈다. 며칠 뒤 있을 회의에서 아이디어를 관철하기 위해 그는 미리 여러 명의 동료를 포섭했다. 그런데 그는 아주 사소하지만 중요한 부분을 깨닫지 못했다. 그가 포섭한 동료들이 적임자가 아니었던 것이다. 그들은 다이아몬드 구조에서 직원이나 단짝, 외톨이 들이었다. 물론 이들은 모두 그의 아이디어에 찬성하고 공감했다. 하지만 우리도 알다시피 결정은 이들의 손에 달린 사안이 아니다.

대망의 회의 날. 그는 부푼 꿈을 안고 자신의 아이디어를 발표하지만 동료들의 반응은 시큰둥하다. 사전에 만났을 때와 달리 대놓고 그를 지지하지 않는다. 그는 크게 실망하지만 여전히 자신이 무슨 잘못을 했는지는 알지 못한다. 그는 팀의 지도자나 숨은 실력자에게 투자했어야 할 시간과 노력을 아무 힘도 없는 사람들에게 낭비했다. 진짜 실력자를 자신의 편으로 만들었다면 나머지는 절로 고개를 숙였을 텐데 말이다.

당신의 지위가 낮다면 아무리 좋은 아이디어가 있어도 혼자 또는 비슷한 지위의 동료들과는 그 아이디어를 관철하지 못한다. 장교나 숨은 실력자, 지도자를 내 편으로 만들어야 당신의 말에 무게가 실린다.

다이아몬드 분석으로 동료나 부하직원들의 위치를 파악하면 직장 환경 전체에 대한 파악도 훨씬 수월해진다. 주변 사람들의 역할을 정확하게 파악하지 못하면 아이디어가 있어도 관철하기가 어렵다. 팀 내부의 역할을 알지 못하기 때문에 어떨 때 누구를 활용할 수 있을지 알지 못한다. 당신을 몰래 방해하는 사람을 모르고 지지할 수도 있다. 그러니 다이아몬드 구조를 파악하여 당신 뜻대로 조종할 수 있어야 한다. 커리어를 운에 맡겨서야 되겠는가? 그보다 한심한 행동은 없다.

상사나 고객보다 빨리 달리지 말라

의도적이건 실수건 당신보다 지위가 높은 사람의 심기를 건드리지 않도록 조심하라. 성공한 사람들에게는 뜻밖의 공통점이 있다. 지위가 올라갈수록 무례한 태도와 비판에 예민해진다. 선의에서 나온 비판이라 하더라도 절대로 듣고 싶어 하지 않는다.

어느 기업 컨설턴트가 자문 고객 기업의 행사에 초대받았다. 날씨가 어찌나 화창한지 그는 스포츠카의 속도를 잔뜩 올리고 신나게 달렸다. 그런데 저 앞에서 기업 대표의 차를 발견했다. 그 대표는 법규를 잘 지키기로 소문난 사람이다. 운전할 때도 반드시 규정 속도를 준수하고 절대 과속하는 일이 없다. 그 차 뒤를 따라가려니 속이 답답하지만 우리의 컨설턴트는 다시 한 번 옛 지혜를 떠올린다. "상사나 고객보다 빨리 달리지 말라." 그래서 얌전하게 규정 속도를 지키면서 대표의 차 뒤를 졸졸 따라간다. 대표가 룸미러로 그 광경을 다 지켜본다. 그리고 고개를 끄덕이며 흐뭇한 미소를 짓는다.

상사에게 무례하게 행동하지 말라. 뼈 있는 농담을 하거나 거짓말을 해서도 안 된다. 지위가 높은 사람의 심기를 건드려 당신에게 이로울 것이 없다.

단호함의
심리학
-
8단계

내가 원하는 방향으로
사람을 움직이는
심리 기술

순발력 트레이닝:
나를 살리는 한마디 말

다른 사람과 언쟁하는 상황이 생겼을 때, 상대 앞에서는 곧바로 적절한 대답을 찾지 못하고 버벅거리다가 언쟁이 끝난 뒤 뒤늦게 할 말이 떠올라 아쉬워한 적이 있는가? 이 증상의 원인을 한마디로 정리하면 '순발력이 없어서'다.

사실 어떻게 보면 당연한 일이다. 그런 공격은 대처할 시간이 몇 초에 불과하다. 짧은 순간에 기막힌 반격으로 상대의 코를 납작하게 만들 수 있을 사람이 몇이나 되겠는가? 공격하는 쪽은 공격당하는 쪽보다 월등하게 유리하다. 전날 밤에 미리 공격하겠다는 각오를 다지고 무기를 갈고닦으며 준비했다. 따라서 순발력이 없는 사람이 전혀 예기치 못한 상황에서 공격당하면 황당해하며 상대만 쳐다보다가 대처에 필요한 소중한 몇 초를 그냥 흘려보내고 만다. 투지 있게 경력을 쌓아가고 싶다면 절대 그런 모습을 상대에게 보여서는 안 된다.

그럼 누군가 당신에게 고약한 말을 했을 때는 어떻게 반응해야 최선일까? 대응의 첫걸음은 훈련이다. 순발력 있는 대응법을 평소에 철저하게 훈련해야 한다.

순발력 있는 말 한마디는 **즉흥적인 대답처럼 보이지만 미리 마련해둔 날카로운 반격의 기술**이다. 평소 꾸준히 반복 연습한 결과물로, 공격의 내용에 맞게 대처할 수 있도록 반격할 시간과 여유를 준다.

1. '아니오'가 시작점이 된다

한마디의 거절은 효과가 오래간다. 이때 절대 잊지 말아야 할 점이 있다. 거절의 이유를 대서는 안 된다. 상대는 당신의 거절을 무력화시킬 온갖 논리를 마련해두었다. 따라서 아무리 완벽한 이유를 대더라도 상대의 논리를 이길 수 없다. 단호하게 거절하고 딱 한마디만 덧붙여라. "이유는 그쪽이 더 잘 아실 거예요." 그 말을 듣고 정말로 이유를 고민하는 사람이 생각보다 너무 많아서 아마 깜짝 놀랄 것이다.

특히 거절할 이유가 전혀 없는 상황에서 단호하게 거절하고 위의 문장을 곁들이면 대단한 효과를 거둘 수 있다. 상대는 상상력을 총동원하여 이유를 고민하고, 오랫동안 고민의 늪에서 헤어나지 못할 것이다.

그러나 처음부터 중요한 상황에서 거절을 하자면 마음의 부담이 크다. 사소한 일, 일상적인 일부터 거절하는 연습을 해보자. 그렇게 담력을 키워나가면 아무리 어려운 상황이 닥쳐도 당당하게 거절할 수 있다.

부서에서 게으르기로 소문난 남자 직원 페터가 옆자리에 앉은 여자 동료 카린에게 묻는다. "프린터 종이 있어? 종이가 떨어졌어. 종이 좀 줘." 종이를 가지러 비품실에 가기 싫어서 그녀에게 달라는 것이다. 여태 이런 식으로 그의 온갖 부탁을 들어주던 그녀도 이제는 넌더리가 난다. 그래서 그에게 차가운 눈빛으로 "싫어. 이유는 네가 더 잘 알 거야"라고 단호하게 대답한다. 페터는 당황한 표정으로 "내가 아까 점심시간에 한 말 때문에 그래?"라고 묻는다. 페터가 무슨 말을 했는지 전혀 모르는 그녀는 딱딱한 말투로 대답한다. "아니. 그거 아니야." 그날 이후 페터는 두 번 다시 그녀에게 이런저런 부탁을 하지 않는다.

이런 식의 훈련으로 어느 정도 순발력을 키웠다는 자신감이 들면 조금 더 수위를 높여 연봉협상 같은 고난도 상황에서 거절의 방법을 활용해볼 수 있다.

　　　　　　　　　　　한 여성 직원이 이 방법을 즉흥적으로 실천에 옮겼다. 나의 세미나에 참석하여 매운 고추 전략을 배운지 며칠 뒤 갑자기 부장이 그녀를 불렀다. 부장은 난데없이 그동안 미루어오던 연봉협상을 제안했다. 그런데 그 금액이 예상보다 턱없이 낮았다.

"이 정도면 괜찮은 것 같은데." 부장이 말했다.

"싫습니다." 그녀는 짧게 대답한 뒤 위에서 소개한 문장을 곁들였다. "이유는 부장님께서 더 잘 아실 겁니다."

갑작스러운 협상 제안으로 여직원의 승낙을 받아내려던 부장은 당황한 기색이 역력했다. 여직원이 자기 자리로 돌아온 지 30분 뒤에 부장이 다시 그녀를 불렀다. 그리고 훨씬 높은 연봉을 제시했다.

연봉협상에 승리한 그녀는 내게 메일을 써서 기쁜 소식을 전했다. 세미나에서 배운 내용을 실천에 옮겼더니 연봉이 훨씬 높아졌다고 말이다. 나는 진심으로 축하하면서 그것이 다 내 덕분이니 인상액의 10퍼센트를 내게 달라고 말했다. 그녀에게서 곧바로 이런 메일이 왔다. "싫어요. 이유는 교수님이 더 잘 아시겠죠?" 정말 배움이 빠른 여성이 아닌가!

처음부터 딱 잘라 거절하기가 어려운 상황이라면 한 시간 정도 고민할 시간을 달라고 부탁해보자. 그리고 한 시간 뒤 상대에게 전화를 걸어 전화상으로 거절을 통보하라. 물론 이때에도 구구절절 이유를 대서는 안 된다.

집에서 거절 연습을 해보라. 거울 앞에 서서 연습한다. 단호한 거절이 필요한 상황이 구체적으로 어떤 모습일지 상상해보자. 상대가 누구일지, 상대가 어떤 부탁을 했을지 시나리오를 머릿속으로 그려보자. 미리 연습해두면 실전에서 훨씬 더 쉽게 거절의 대답이 입에서 튀어나온다.

2. 미리 준비한 한마디로 차분하게 대응하라

아무리 미리 연습했어도 막상 실전에 들어가면 당황해서 적당한 말이 떠오르지 않을 때가 있다. 허둥거리다가 자기도 모르게 승낙을 하고 난 뒤 후회하지 말고 이럴 때는 잠시 생각할 시간을 벌어야 한다. '죄송하지만 이해가 잘되지 않네요', '이 자리에서 나눌 이야기는 아닌 것 같아요' 등의 표현을 활용할 수 있다.

당신의 마음에 드는 다양한 문장을 준비해두되 그 수는 많을수록 좋다. 준비 없이 대응하다가는 당신의 변명과 상대의 반박이 꼬이면서 끝없는 악순환에 빠져든다.

과거의 일을 떠올려보자. 과거에 누군가에게 공격당한 적이 있는가? 그 상황에서 당신은 어떻게 대응했는가? 15분 뒤에 어떤 기막힌 대답을 떠올리고 아쉬워했는가? 기억나는 대답을 적어보자. 과거에 당신이 스스로 만족했던 대답은 어떤 것이 있는가? 쭉 적어보자.

이제 다음 주를 생각해보자. 다음 주에 무슨 일이 있을 것 같은가? 예정된 회의가 있는가? 사사건건 당신을 트집하는 사람이 있는가? 그 사람이 다음 주에도 또 그럴 것 같은가? 앞서 적어둔 문장 가운데 그 사람에게 활용할 만한 것이 있는가? 그가 또 공격해온다면 어떻게 대답할지 연습해보자. 그 말이 입에서 유창하게 술술 나올 때까지 거울 앞에 서서 연습하자. 의욕만 앞서서 버벅거리지 않도록 철저하게 연습해야 한다. 이렇게도 말해보고 저렇게도 말해보고, 꾸준히 연습하면 생각하지 못했던 순발력 넘치는 대답이 떠오를 수도 있다.

★ ☆ ☆ ★ ☆

순발력 있는 대답도 좋고 통쾌한 대응도 좋지만 무엇이든 과하면 모자란 것보다 못하다. 적절하게 조절하여 넘치지 않게 조심하자.

비언어적 대응법:
상대를 제압하는 날카로운 눈빛

가장 인기가 높으면서도 간단한 권력 게임의 비법 중 하나가 비언어적인 공격이다. 가끔은 언어적 대응보다 비언어적 대응이 더 효과를 발휘한다. 상대를 눈으로 제압한다. 눈은 마음의 창이라고 하지 않던가. 눈빛만 봐도 상대가 당신을 어떻게 생각하는지 단번에 알 수 있다. 당신을 향한 **상대의 눈빛에 담긴 의미를 간파하고 적절하게 반응**해야 한다.

1. 상대가 당신을 위아래로 훑으면
그건 간을 보는 것이다

당신이 아군인지 적군인지 살피고 있다. 위험한 사람일까? 내 편이 되어줄까? 머리를 굴리며 당신을 평가한다. 그럴 때는 웃음기 없이 도도한 눈빛으로 응수하는 것이 최고다. 그런 눈빛으로 "거슬리니까 쳐다보지 마!"라는 뜻을 전달한다. 그래도 상대가 계속 당신을 위아래로 훑거든 블랙리스트에 적고 앞으로 일절 상대하지 않거나 지원을 끊어야 한다.

2. 상대가 당신을 빤히 쳐다보면
그건 대결하자는 뜻이다

상대가 당신을 동료가 아니라 경쟁상대로 보고 있다. 그러니 조심하라. 이럴 때는 따분하다는 표정으로 무시하는 게 최고다. 벼슬을 바짝 세우고 싸울 태세를 갖춘 싸움닭에게는 무관심만큼 뼈아픈 대응이 없다.

3. 상대가 당신의 눈을 쳐다보지 않고 시선을 피하면
수줍어서 그런 것일 수 있다

그럴 때는 칭찬과 격려를 통해 용기를 북돋아주어야 한다.

하지만 수줍은 게 아니라 비열한 의도가 숨어 있을 수도 있다. 뭔가 떳떳하지 못한 짓을 했기 때문에 발각될까 봐 겁이 나서 차마 당신을 쳐다보지 못하는 것이다. 이럴 때는 상대가 무엇을 숨기는지 최대한 빨리 알아내야 한다. 상대가 당신의 시선을 피할 때는 중요한 이유가 있을지 모른다. 이유를 알아내라.

선을 넘는 상대를 제압하는
6가지 전략

　무례한 동료와 부하직원을 제압하거나 경쟁에서 우위를 선점하기 위해서는 전략이 필요하다. 그러나 이 전략들은 생존이나 경력 개발과 같은 중대한 상황에서만 사용해야 한다. 일상의 작은 갈등에서 이런 전략을 마구잡이로 사용해서는 안 된다. 참새 한 마리를 잡으려고 대포를 쏘아서야 되겠는가.

　선을 넘는 상대를 제압하는 데 효과가 입증된 6가지 전략을 살펴보자.

1. 벅찬 양의 업무로 응수한다

늘 불평이 많고 비판적인 동료나 부하직원에게는 일 폭탄을 퍼부어 조용히 하도록 만드는 것이 가장 좋은 방법이다. 일을 떠맡은 동료가 기한 안에 일을 처리하지 못하면 그것을 꼬투리로 삼아서 그를 공개적으로 비판한다. 이 정도 업무도 처리하지 못하다니 대체 시간 관리를 어떻게 하느냐는 식으로 비판하는 것이다.

사회학에서는 이를 두고 '루핑 효과Looping Effect'라고 부른다. 누군가에게 의도적으로 과도한 짐을 안긴 뒤 무능한 사람으로 몰아붙이는 행동이다. 상대는 당신의 의도를 알아차리기도 전에 수세에 몰리게 되고 결국 무능한 사람으로 낙인찍힌다. 당연히 조직 내에서 입지도 좁아지게 되고 더는 아무도 그의 불평과 비판에 귀 기울이지 않는다.

이 전략은 부하직원뿐 아니라 평소 뺀질거리며 일을 안 하는 동료에게도 활용할 수 있다. 휴가철에 연기가 불가능한 업무를 대량으로 그에게 맡기고 휴가를 떠나버리는 것이다. 푹 쉬고 다시 출근하는 날 당신은 그에게 작은 선물을 내밀면서 그 '평범한 업무량'을 처리하기가 그렇게 힘들었냐며 놀란 표정을 짓는다. 그리고 이번 기회에 동료도 그 업무를 익혔으니 앞으로는 규칙적으로 그에게 그 업무를 위임하자고 상부에 건의한다. 그래야 다음번 휴가 때 또 이번처럼 그가 힘들어하지 않을 것이라는 그럴듯한 논리를 들이대면서 말이다.

이 전략은 투지가 약한 사람들이 가장 힘들어하는 일을 악의적으로 부풀린 작전이다. 그것은 바로 업무의 위임이다. 업무를 공평하게 나누어주는 능력은 자신의 업무량을 줄이는 효과를 주며 상대에게 '너를 믿고 책임을 맡긴다'는 메시지를 전달할 수 있다.

매운 고추 전략의 활용을 고민하는 우유부단한 사람들은 바로 이 지점에서 머뭇거린다. 혼자 하면 더 잘, 더 빨리할 수 있다는 생각 때문인데, 바로 그런 생각이 산더미 같은 일을 끌어들인다. 물론 혼자 하면 더 꼼꼼하게 처리할 수 있을지는 모른다. 하지만 명심하라. 일을 위임하지 못하면 절대 관리자가 될수 없다. 경영은 업무의 위임이다. 업무를 위임하는 능력은 일의 폭탄을 막아줄 가장 안전한 우산이다.

반대로 어느 날 갑자기 당신의 업무량이 처리 불가능할 정도로 늘어난다면 동료들을 의심해볼 필요가 있다. 당신도 루핑효과의 피해자가 될 수 있으니 말이다.

2. 절대 해결할 수 없는 업무를 맡긴다

야망이 넘치거나 모략을 잘 꾸미는 동료와 선을 긋기에 매우 유익한 방법이다. 이런 권력 게임을 꿰뚫어보지 못한 야망에 찬 동료가 영문도 모른 채 덥석 업무를 떠안는다. 그러나 그는 그 업무를 해결하지 못할 것이고, 그것을 빌미로 무능한 사람이라고 낙인찍힌다.

어느 기업 연구소에 젊은 과장이 있다. 31세의 젊은 나이에 박사학위까지 받았고 능력도 뛰어나서 내년에 은퇴할 부장의 뒤를 이을 후임자로 통했다. 그런데 얼마 전 29세의 여성 대리가 그의 부서로 들어왔다. 어찌나 일을 잘하는지 부서 사람들 모두 그녀의 능력에 감탄했다.

어느 날 밤 과장이 악몽을 꾸다가 벌떡 일어났다. 꿈에서 어떤 문구가 광고처럼 반복하여 떠올랐다 사라졌기 때문이다. "능력이 동일하면 여성을 우대한다!" 그 순간 문득 자신의 후임자 자리가 위태롭다는 생각이 들었다. 능력도 출중하고 매력도 넘치는 여성 대리가 그의 자리를 넘본다고 생각했다.

그는 밤새 이 위기를 넘길 방도를 고민하다가 그녀에게 절대로 풀지 못할 연구 과제를 내주기로 마음먹었다. 그 과제는 지금껏 누구도 풀지 못했던 것이었다. 그리고 회의 때마다 그 과제가 어떻게 되어 가느냐고 물었다. 그녀는 솔직하게 '아직 못 풀었다'고 대답했고 3주가 지나자 그녀에게는 '미스 아직'이라는 별명이 붙었다. 과장은 의도대로 이듬해 퇴직한 부장을 대신해 그의 자리를 꿰찼다.

어느 날 절대 풀 수 없는 과제가 당신에게 할당된다면 당신이 제물로 찍힌 것은 아닌지 고민해봐야 한다. 이럴 때는 어떻게 대처해야 할까? 위의 사례에서 여성 대리에게 보다 현명한 대처법이 없었던 것일까?

심리치료사들 사이에 통하는 말이 있다.

"모르겠거든 손님에게 물어봐라!"

위 사례의 여성 대리도 다른 사람에게 물어봐야 했다. 자존심을 내세우며 혼자 풀어보려고 낑낑대지 말고 경험 많은 동료들에게 도움을 청해야 한다. 그랬다면 아마 그녀의 동료들은 사태를 간파하고 누가 그런 문제를 내주었는지 물었을 것이다. 그럼 상황을 이해한 그녀가 다음 회의에서 곧바로 부장에게 이 연구 과제가 누구의 지시였느냐고 캐묻고, 부장은 단번에 정황을 간파하여 과장을 따로 불러 야단쳤을 것이다.

3. 부족한 3퍼센트를 지적한다

아무리 사소한 일이라도 상대의 실수에 집중하여 트집을 잡는 이 전략은 효과가 매우 좋다. 상대는 당황하여 어쩔 줄 모를 것이고, 사람들은 남들이 미처 보지 못한 실수를 족집게처럼 집어내는 당신의 혜안을 칭찬할 것이다.

공격하기에 최적의 순간은 회의 시간이다. 경쟁자의 발표 내용에서 부족한 3퍼센트를 찾아라. 지엽적인 문제를 캐물어 상대를 막다른 골목으로 내몬다. 아름다운 모습은 아니지만 효과는 매우 좋다. 주변에서 생각하지 못했던 지엽적인 문제 때문에 훌륭했던 프레젠테이션이 채택되지 못하는 경우가 얼마나 많은가?

반대로 당신이 이 전략의 피해자가 된다면 당신의 발표 내용을 물고 늘어지는 상대를 단단히 기억해두라. 아무리 앞에서 웃고 있어도 그 사람은 당신의 적이다. 그런 상황에서는 당신이 윗선과 친밀한 관계라는 분위기를 만들어야 한다. 그렇다면 바로 공격이 멈출 것이다. 윗사람의 심기를 건드리고 싶은 사람은 없다. 당신을 공격하던 야심가들도 연줄 없는 만만한 상대에게로 눈길을 돌릴 것이다.

앞에서 배운 순발력 있는 응답도 효과적인 대처법이다. "지적해주셔서 감사합니다. 너무 지엽적인 문제라 제가 미처 생각하지 못했군요. 더 고민해보고 내일 말씀드리겠습니다."와 같은 답변으로 시간을 벌 수 있다.

무엇보다 가장 좋은 대처법은 미리 3명 이상으로 동맹군을 만들어 대비하는 전략이다. 발표 전날 전화를 걸어서 내일 다른 동료의 역풍이 예상되니 도와달라고 부탁하라. 경쟁자의 비판이 시작되자마자 동맹군이 나서서 그런 부차적인 문제는 회의 끝나고 쉬는 시간에 이야기하라고 지원사격할 수 있다. 혼자서 많은 인원을 상대하기는 벅찰 것이므로 경쟁자는 바로 공격을 멈출 것이다.

4. 혁신이라는 이름의 함정에 빠지지 않는다

혁신적이고 창의적인 직원은 대외적으로 기업의 소중한 인재지만, 기업 내부에서는 전통을 망가뜨리는 성가신 존재가 된다. 그래서 창의적인 직원이 참신하고 멋진 아이디어를 열심히 제시하면 동료들은 얼굴을 찌푸린다. 자신은 지금까지 한 번도 참신한 아이디어를 내놓지 못했다는 생각에 모욕감을 느끼고, 당신의 혁신적인 아이디어가 새로운 일거리를 몰고 오기 때문이다. 그래서 그 아이디어의 실현을 막기 위해 온갖 꼬투리를 잡고 험담을 늘어놓는다.

이럴 때는 당신의 의지대로 더욱 꿋꿋하게 밀고 나가야 한다. 장기적인 안목을 가지고 혁신적인 프로그램을 꾸준히 실천한다면 혁신에 대한 비판도 자연스럽게 수그러든다. 윗선이나 같은 직급의 동료 중에서 영향력 있는 대변인을 찾는다면 조금 더 빨리 비판의 목소리를 잠재울 수 있다. 제일 간단한 전략은 혁신적인 아이디어를 경영자의(또는 사전에 만나 승낙을 얻은 다른 윗선의) 이름을 언급하며 발표하는 방법이다. 모두 당신을 부러워하면서도 감히 비판할 엄두를 내지 못할 것이다.

5. 피드백 타이밍을 잘 이용한다

직원의 성과를 칭찬하거나 잘못을 지적할 때는 그 직원이 그 말을 명심하여 실행에 옮길 것이라는 기대를 품기 마련이다. 따라서 모든 일이 그렇듯 피드백도 타이밍이 중요하다. 중요한 피드백일수록 시기를 잘 맞춰야 효율성이 높아진다. 가장 오래 기억에 남을 시각, 즉 늦은 오후나 퇴근 직전이 적절하다.

그중에서도 한 주가 끝나는 금요일의 늦은 오후가 가장 큰 효과를 발휘한다. 그러므로 깊고 진지한 대화가 필요할 때는 금요일 늦은 오후를 택하라. 퇴근을 몇십 분 앞둔 직원을 당신의 방으로 불러 이야기를 꺼낸다.

"지금부터 내가 하는 이야기를 잘 듣고 고민해주었으면 좋겠네."

그리고 담담한 어조로 짧게 2가지 정도의 문제를 지적한 뒤 그를 집으로 돌려보내라. 이어지는 주말 내내 당신의 피드백은 확실한 효과를 발휘하여 직원을 고민에 빠뜨릴 것이고 돌아온 월요일에 당장 그를 움직이게 만들 것이다.

이 전략은 상사의 비판을 한 귀로 듣고 한 귀로 흘리거나 듣자마자 동료들에게 쪼르르 달려가서 미주알고주알 일러바치는 대책 없는 부하직원에게만 사용해야 한다.

마음이 약해서 퇴근 시간에 직원을 부를 용기가 없다면 아무리 비판을 해도 잘 먹히지 않을 것이다. 예를 들어 화요일 오전 11시 30분에 직원을 불러 잘못을 지적했다고 해보자. 곧바로 점심시간이 될 것이고 직원은 동료들과 어울려 점심을 먹으면서 '상사의 한심한 잔소리'를 들었다고 하소연할 것이다. 보통 그런 자리에는 맞장구를 쳐주는 동료가 있기 마련이다. 직원은 안심하고 당신의 피드백을 흘려보내버릴 것이고 그럼 그 피드백의 효과는 이미 물 건너간다. 그래서 타이밍이 중요하다.

6. 가끔은 거짓된 분노로 의사를 표출한다

팀을 통제할 수 없다고 판단되거나 팀원들이 반항적일 때는 억지로 화를 내어서라도 당신의 의사를 알려야 한다. 하지만 그것이 '거짓된 분노'라는 것이 들키면 안 되므로 전문적인 연출이 필요하다. 짜증 이상으로 분노가 서린 얼굴 표정과 큰 소리의 고함이 대표적이다.

실제 감정은 고요하지만, 마치 엄청나게 화난 것처럼 연출해야 한다. 단, 너무 자주 사용해서는 안 된다. 자칫하면 히스테리를 부리는 신경질쟁이나 변덕쟁이 취급을 당할 수 있다. 실제 적을 떠올리거나 가상의 적을 상상하면 훨씬 더 실감 나게 연기할 수 있다. 뮌헨의 어느 기업인은 이런 말을 했다. "화낼 때 적을 떠올리면 부하직원들이 정신을 바짝 차립니다. 경영이 훨씬 수월해지지요. 적이 없거든 만들어내기라도 해야 합니다."

한결같이 우아한 말투로는 부하직원들을 통솔할 수 없다. 가끔 화도 내고 소리도 질러야 당신이 우아한 표현에서부터 분노의 폭발에 이르기까지 다양한 소통을 구사한다는 인상을 줄 수 있다. '화낼 때 화낼 줄 아는 사람'이라는 말을 들어야 무시당하지 않고 막중한 책임이 따르는 업무도 척척 당신의 손에 들어온다.

작은 금 하나가
평생 쌓아올린 댐을 무너뜨린다

　성공한 사람들에게는 위험을 감지하는 예민한 감각이 있다. 먼 곳에서 난 지진이라도 민감한 더듬이로 진동을 감지한다. 아무리 거센 지진도 그 시작은 작은 진동이다.

　인간 세상도 마찬가지여서 큰 실패도 작은 실수에서 시작되는 법이다. 권력에 당연히 따라오는 것이라고 여기기 쉬운 사소한 일상의 혜택들이 출세의 사다리를 무자비하게 꺾어버릴 수 있다. 당신이 절대 해서는 안 되는 대표적인 행위로는 업무상 연관된 사람들에게 받는 뇌물, 기업의 재산을 개인의 이익을 위해 사용하는 횡령 등이 있다.

정확하지 못한 계산은 분명 당신의 발목을 잡는다. 지금껏 힘들게 쌓은 명성에 흠집을 내고 싶지 않다면 공사의 구분을 확실하게 해야 한다. 작은 유혹에 넘어가지 말고, 유혹을 버틸 수 있는 힘을 길러라. 노력한 만큼 대가가 돌아온다.

정말 별것 아닌 사소한 일도 치명적인 결과를 초래할 수 있다. 당신의 경쟁자가 아무것도 아닌 일을 꼬투리로 삼아서 악의적으로 해석할 수 있기 때문이다. 그러니 혹시라도 당신에게 책잡힐만한 습관이 있는지 꼼꼼히 따져보자. "다른 사람들도 모두 그렇게 해"와 같은 논리는 통하지 않는다.

적의 제물이 되지 않으려면 자신의 습관을 잘 살펴봐야 한다. 비용 처리와 세금 신고는 정확하게 하고 사무실 컴퓨터로는 개인적인 용무를 보는 행위를 삼가라. 공적인 일로 만난 사람은 사적인 모임이나 행사에 부르지 말라. 아무리 사소한 것이라도 불법 행위는 하지 말라. **정당하고 떳떳하게 성공을 위해 나아가라.**

단호함의
심리학
-
0단계

알아두면 좋지만
써먹으면 안 되는
게임의 법칙

비즈니스와 범죄의 공통점

　지위가 높으면 책임도 따라서 무거워지는 법이다. 지위가 높아질수록 기업에는 득이 되지만 당신을 따르는 사람들에게는 고통이 될 수도 있는 결정을 자주 하게 된다. 특히 기업 경영이 어려울 때, 인수합병이나 구조조정을 거쳐야 할 때는 이런 종류의 갈등을 수없이 겪게 된다.

　대부분의 경영자는 대량 해고와 같은 혹독한 결정을 내려야 할 때 마음이 무겁다. 오랜 세월 함께 회사를 일구어온 직원들에게 그 해고 조치가 얼마나 큰 타격을 입힐지 알고 있기 때문이다. 그럼에도 회사를 살리려면 달리 방법이 없다.

지위가 올라가면 책임만 커지는 것이 아니라 경쟁도 치열해진다. 상층으로 올라갈수록 산소가 희박해져서 숨쉬기가 힘들다. 그런 곳에서 살아남으려면 전략적 행동이 필수다.

모든 결정이 엄격한 도덕적 잣대를 지키는 것은 아니다. 어느 설문 조사 결과에 따르면, 경영자의 약 4분의 3이 나이가 들수록 도덕적 잣대가 느슨해진다고 대답했다. 또 절반 이상이 과거의 도덕적 잣대와 비교하면 자신의 행동이 너무 비도덕적이라서 자주 양심의 가책을 느낀다고 답했다.

그럼에도 경영자는 결정을 내려야 하고 전략적으로 행동해야 한다. 양심의 가책으로 괴로워 몸부림치다가는 아무런 행동도 할 수 없다. 따라서 경영에는 꼭 필요하지만 도덕적으로는 문제가 있는 이런 행동의 딜레마를 나름의 전략으로 극복해나가야 한다.

이때 유익한 전략이 바로 중화Neutralization 전략이다. 이 전략을 활용하면 누구나 어렵지 않게 수치심과 죄책감을 털어내고 자신에게 쏟아지는 비난을 툭툭 털어버릴 수 있을 것이다. 이 전략이 도덕적으로 의심스러운 행동을 합리화할 수 있는 변명거리를 찾아주기 때문이다. 앞서 단호함의 심리학 3단계 〈내 안에 숨은 공격성을 발견하고 인정하라〉에서도 짧게 언급했지만 여기서는 이에 대해 조금 더 자세히 소개하려고 한다.

이 심리 기법은 범죄학에서 주로 연구되었다. 범죄자들이 자기 행동을 정당화하고 죄책감을 덜기 위해 이 방법을 자주 사용하기 때문이다. 미국의 저명한 범죄학자 마차와 사이크스는 사회 규칙이나 규범이 절대 불변한 것이 아니라 마음대로 해석하고 확장할 수 있다고 주장했다. 자신의 의도가 도덕적으로 아무 문제가 없다고 확신하면 그에 따른 행동도 사회 규범에 맞는다고 주장할 수 있다는 말이다. 두 학자는 이를 중화이론이라고 불렀다. 즉, **목적이 수단을 정당화**한다는 이론이다.

내가 만난 어느 범죄자도 이런 식의 정당화 달인이었다. 잘생기고 매력이 넘쳐서 여자들에게 인기가 정말 많았던 그는 도도한 성격의 한 여인을 좋아하게 되었다. 그녀는 요구하는 것이 많았는데, 대부분 비싼 것들이었다.

그녀에게 선물을 사주느라 돈이 떨어진 그는 어느 날 은행에 들어가 강도 짓을 했다. 다행인지 불행인지 그는 현장에서 체포되고 말았다. 그 후 교도소에 수감된 그는 태연하게 말했다. "은행 강도 짓은 내 인생에 남은 딱 하나의 오점이야. 난 범죄자가 아니야. 사랑에 눈이 멀어서 그랬던 거지."

그는 교도소의 심리 치료 프로그램에 참가했고, 그를 담당했던 치료사와 나는 그가 앞으로 큰 사기꾼이 될 것이라고 예상했다. 하지만 놀랍게도 그는 출소 후 영업 쪽으로 진출하여 뛰어난 판매 실적을 올렸다. 그의 매력과 에너지, 자신감과 여유, 어려운 현실을 긍정적으로 해석하는 미화 능력이 그를 영업의 달인으로 키워낸 것이다. 이렇듯 기술만 두고 본다면 비즈니스와 범죄는 겹치는 부분이 많다.

중화 기술을 한껏 발휘하여 범죄자가 되라는 말이 아니다. 인정사정없이 매몰찬 사람이 되라는 말도 아니다. 하지만 아래의 내용을 잘 읽어보면 다른 사람들의 중화 기술을 간파하고 단호하게 차단해야 피해를 예방할 수 있다. 가장 흔히 사용되는 중화 기술로 다음 4가지가 있다.

① 책임을 부인한다
② 부당하지 않다고 우긴다
③ 윗선을 가리킨다
④ 피해자를 탓한다

책임을 부인한다

당구에 비유하면, 가혹한 결정을 내려야 하는 경영자는 자신을 하얀색 당구공이라고 생각한다. 외부의 힘에 밀려 사방으로 튀면서 여기 저기 다른 공들을 구멍에 빠뜨린다. 즉, 경영자는 스스로 결정을 내린 것이 아니라 외부의 힘에 떠밀려 어쩔 수 없이 움직인 것이다.

"나도 어쩔 수 없었어.", "상황이 그런 걸 어쩌겠어.", "난들 이러고 싶었겠어?" 그의 입에서 이런 변명들이 쏟아진다. 이런 말은 자신은 죄가 없다는 뜻일 뿐 아니라 자기에게 책임을 묻고 야단을 쳐봤자 아무 소용없다는 뜻이다.

이들에게 자기 행동의 결과를 알려주면 연민을 느낀다. 그들은 자신의 무죄를 믿으며 자신은 아무 책임이 없다고 확신하기 때문에 자신의 행동으로 인해 발생한 피해자에게 진심으로 안타까운 마음을 느낀다.

"나한테 미리 보고를 안했어요. 내가 알았을 때는 이미 손쓸 수가 없더라고요." 어느 기업의 경영인은 이런 말로 책임을 회피했다. 그리고 은근슬쩍 아랫사람에게 책임을 떠넘겼다. "그래서 책임을 물어 기획 팀장을 내보낼까 고민 중입니다."

부당하지 않다고 우긴다

이 정당화 전략의 기본 조건은 동일 개념의 탄력적 적용이다. 똑같이 '부당한 행동'이지만 상대의 행동을 평가할 때는 매우 좁던 폭이 자신의 행동을 평가할 때는 굉장히 넓어진다. 다른 사람의 부당한 행동은 엄격히 심판받아야 하는 나쁜 짓이지만, 자신의 부당한 행동은 마땅히 이루어졌어야 하는 정당한 행위라고 판단한다.

물론 경영자라면 무엇이 공정하고 무엇이 그렇지 않은지 누구보다 잘 알 것이다. 자기성찰 능력과 공감, 예측 능력이 뛰어나지 않았다면 애당초 이 자리까지 오르지 못했을 테니까 말이다. 하지만 성공한 경영인들은 자신의 성공에 도움이 되는 일이라면 눈을 감고 그 행동이 부당하지 않다고 우기며 양심의 가책과 책임감을 덜고 더욱 적극적으로 자신의 뜻을 밀고 나간다.

윗선을 가리킨다

경영자들 중에는 자신감이 넘치다 못해 자신이 전능한 존재라고 착각하는 사람들도 적지 않다. 그러나 이들도 정작 문제가 생기면 책임을 회피하기 위해 자기는 '큰 바퀴를 굴리는 작은 부품'일 뿐이라고 주장한다. 의외로 효과가 매우 좋은 전략이다.

심지어 기업의 운명을 결정하는 이사진들도 모르쇠를 놓으며 교묘하게 책임을 회피하고, 피해는 고스란히 고객과 직원들의 몫으로 돌아간다. 그들이 가장 자주 핑계로 이용하는 윗선은 다음과 같은 것들이다.

- 해외에서 까다로운 요구를 하는 외국 기업의 이사진
- 세계화가 몰고 온 경제 변화
- 수익률만 따지는 주주들
- 상어처럼 먹잇감을 노리는 냉정한 경쟁사

문제는 이런 핑계에도 약간의 진실은 들어있다는 점이다. 그래서 반박하기가 무척 힘들다. 어느 기업의 경영인은 대량 해고의 이유를 이렇게 둘러댔다. "세계화와 그 결과를 부정할 수 있는 사람이 누가 있겠습니까? 우리처럼 국제무대에서 활약하는 기업이라면 더더욱 그렇지요."

피해자를 탓한다

"자기 하기 나름이지. 다 자초한 거야." 부당한 행동을 정당화하기 위해 이보다 효과적인 변명은 없다. 상대가 잘못했으면 나는 잘못이 없기 때문이다. 정말 간단하다. 우리는 아무 잘못이 없다. 잘못은 다 상대에게 있다.

우리는 이런 말을 통해 부당함을 정당한 복수나 벌과 동일시한다. 이런 교묘한 연금술을 이용해 가해자는 고통받는 피해자로, 피해자는 벌을 받아 마땅한 가해자로 변신시킨다.

나쁘지만 매우 효과가 좋은 전략이다. 피해자를 험담하여 피해자와 가해자의 위치를 바꾼다. 험담의 종류는 다양하며 개인의 성향이 부서나 기업의 성격에 맞지 않다는 내용이 대표적이다. 그런 개성을 잡아내어서 공격하고 부풀린다. 수줍음을 많이 타서 말수가 적은 얌전한 동료는 자기가 제일 잘난 줄 알아서 남들과 말도 섞지 않는 거만한 사람으로 뒤바뀐다.

만약 당신에 관해 황당한 중상모략이 떠돈다면 인맥을 활용하여 적극적으로 대처해야 한다. 다시는 함부로 떠들어대지 못하도록 힘을 모아 물리쳐라.

건축회사에 근무하는 그녀는 곧 팀장으로 승진할 예정이다. 그녀는 능력이 뛰어난 것은 물론이고 누구보다 성실한 직원이다. 또 성격도 좋아서 동료들의 신임을 받는다.

그런데 승진 심사를 코앞에 두고 그녀는 자신에 대한 이상한 소문을 들었다. 그녀가 임신을 계획하고 있다는 소문이었다. 그녀의 귀에까지 들어온 걸 보면 이미 온 회사에 파다하게 소문이 퍼졌을 것이다.

그 소문은 사실이 아니다. 그녀는 자식을 낳을 계획이 전혀 없다. 임신을 계획하고 있다는 근거 없는 소문은 승진 심사에 악영향을 미칠 것이다. 팀장이 되면 지금보다 더 막중한 책임을 지고 더 많은 업무를 맡아야 할 텐데 임신으로 자리를 비운다면 회사에 막대한 피해가 갈 테니까 말이다. 회사 측에서 이 소문을 믿는다면 이번 승진에서 그녀를 탈락시킬지도 모른다.

그녀는 거짓된 소문에 반격하기로 했다. 자신은 불임 여성인데, 임신 계획이 있다는 소문이 돌아 큰 상처를 받았다고 소문냈다. 작전은 성공했다. 동료들의 지원에 힘입어 그녀는 무사히 악의적인 소문을 잠재웠다. 이제 팀장으로 가는 길은 탄탄대로일 것이다.

이번 단호함의 심리학 0단계에서 살펴본 직장의 모습은 참으로 음울하다. 그렇다고 너무 걱정하지는 말라. 우리의 직장이 생각처럼 그렇게 어둡고 음침한 곳은 아니다. 대부분 공정하고 정당하며 협동적인 곳이다. 하지만 언제나 그럴 것이라고 믿는다면 그것 또한 너무 순진한 생각이다. 당신이 방심하고 있을 때 어디서 공격이 들어올지 모르니 늘 적당한 긴장감을 지녀라.

이제 당신은 중화 기술을 알았으니 어떨 때 정신을 바짝 차려야 하는지도 깨달았을 것이다. 당신의 상사가, 경쟁자가, 적이 이런 비도덕적인 전략을 구사한다면 서슴지 말고 무기를 들어 공격 태세를 갖추라. 이 책을 통해 터득한 단호한 태도의 전략과 우리의 신조를 잊지 말라.

분석하고 꿰뚫어 저항하라!

성공은 당신이 아는 지식 덕분이 아니라,
당신이 아는 사람들과 그들에게 비치는
당신의 이미지를 통해 찾아온다.

– 리 아이아코카 Lee Iacocca

지금까지 살펴보았듯 매운 고추 전략은 당신의 삶에 매콤한 양념을 뿌려줄 것이다. 당신의 직장을 입맛 도는 화끈한 불 맛으로 바꾸어줄 것이다. 하지만 계속 강조했듯이 양념도 적당히 넣어야 한다. 너무 밍밍해도 맛이 없지만 너무 매우면 오히려 맛을 느낄 수 없다.

80퍼센트의 단맛과 20퍼센트의 매운맛이 어우러져 감칠맛 나는 한 끼 식사가 되는 것처럼 우리의 직장 생활에도 **80퍼센트의 친절함과 협동심**이 필요하다. 그리고 대부분의 사람은 이 80퍼센트를 마음에 담고 태어나거나 교육을 통해 배운다. 거기에 **20퍼센트의 단호함과 공격성**, 매운 고추 전략을 첨가한다면 당신의 직장 생활은 매우 건강하고 즐거운 시간이 될 것이다.

적절한 전략을 통해 성공을 향한 의욕을 키우고 권력 게임에서 지지 않는 것도 중요하지만, 공익도 잊지 않아야 한다. 경쟁을 하더라도 균형을 잃어서는 안 된다. 즉, 매운 고추 전략을 이기적인 욕망의 충족을 위해 사용해서는 안 된다는 뜻이다. 출세를 위해서라면 수단을 가리지 않는 야비한 태도는 옳지 않다. 타고난 힘, 숨어 있던 긍정적이고 건설적인 공격성을 일깨워 거센 바람을 이겨내고서라도 훌륭한 아이디어와 프로젝트를 실현하자는 뜻이다. 올바른 일을 행하면 기업과 당신 모두에 유익하다. 기업의 성공이 당신에게도 득이 될 테니까 말이다.

단호한 태도를 기반으로 매운 고추 전략의 원칙을 잘 활용한다면 이제 그 누구도 당신을 함부로 대하지 못할 것이다. 당신의 삶과 직장 생활이 편안하고 즐거운 경험이 될 수 있다. 매콤한 매운 고추로 입맛을 돋우어보자. 매운 고추를 첨가한 맛있는 식사로 당신의 앞길을 밝혀보자. 이 책에서 배운 매운 고추 전략으로 당신이 일, 관계, 인생 앞에 당당해지고 활력을 찾아 행복해지길 바란다.

옮긴이 **장혜경**

연세대학교 독어독문학과를 졸업하고 같은 대학 대학원에서 박사 과정을 수료했다. 독일 학술교류처 장학생으로 하노버에서 공부했고, 현재 전문 번역가로 활동하고 있다. 옮긴 책으로는 『자전거, 인간의 삶을 바꾸다』, 『틀려도 좋다』, 『숲 사용 설명서』, 『처음 읽는 여성 세계사』, 『동물의 사생활과 그 이웃들』, 『나는 왜 무기력을 되풀이하는가』, 『나무 수업』, 『우리의 노동은 왜 우울한가』, 『권력의 언어』, 『피의 문화사』 등이 있다.

일, 관계, 인생 앞에 당당해지는 심리 기술

나는 단호하게 살기로 했다

초판 1쇄 인쇄 2019년 7월 22일
초판 2쇄 발행 2019년 9월 4일

지은이 옌스 바이드너
옮긴이 장혜경
펴낸이 김선식

경영총괄 김은영
책임편집 권예경 **크로스교정** 봉선미 **디자인** 김누 **책임마케터** 최혜령
콘텐츠개발5팀장 이호빈 **콘텐츠개발5팀** 봉선미, 김누, 김다혜, 권예경
마케팅본부 이주화, 정명찬, 최혜령, 이고은, 권장규, 허윤선, 김은지, 박태준, 배시영, 박지수, 기명리
저작권팀 한승빈, 이시은
경영관리본부 허대우, 박상민, 윤이경, 김민아, 권송이, 김재경, 최완규, 손영은, 이우철, 이정현
외부스태프 표지일러스트 엄주

펴낸곳 다산북스 **출판등록** 2005년 12월 23일 제313-2005-00277호
주소 경기도 파주시 회동길 357 3층
전화 02-704-1724
팩스 02-703-2219 **이메일** dasanbooks@dasanbooks.com
홈페이지 www.dasanbooks.com **블로그** blog.naver.com/dasan_books
종이 · 인쇄 · 제본 ㈜상림문화

ISBN 979-11-306-2320-7 (03190)

다산북스(DASANBOOKS)는 독자 여러분의 책에 관한 아이디어와 원고 투고를 기쁜 마음으로 기다리고 있습니다.
책 출간을 원하는 아이디어가 있으신 분은 다산북스 홈페이지 '투고원고'란으로 간단한 개요와 취지, 연락처 등을 보내주세요.
머뭇거리지 말고 문을 두드리세요.